SHODENSHA
SHINSHO

壬申の乱と関ケ原の戦い

——なぜ同じ場所で戦われたのか

本郷和人

祥伝社新書

はじめに

私は二〇一四年、近世日本の最大の会戦・関ヶ原の戦いが行なわれた古戦場（現・岐阜県不破《ふわ》郡関ケ原町）に赴《おもむ》きました。実に、五回目の関ヶ原探訪です。

関ヶ原の戦いの取材というと、両軍が干戈《かんか》を交えた開戦地や石田三成《いしだみつなり》が陣を敷いた笹尾《ささお》山《やま》、小早川秀秋《こばやかわひであき》が陣取った松尾山《まつおやま》などに行くことが多いのですが、その時は、徳川家康《とくがわいえやす》が本陣を置いた桃配山《ももくばりやま》（136〜137ページの図表10）に足を延《の》ばしてみました。

見ると、説明の札《ふだ》が立っている。なになに、桃配山の名は壬申《じんしん》の乱に際して、大海人皇《おおあまのみ》子《こ》（のちの天武《てんむ》天皇）が兵たちに桃を配った故事に由来する——。ん、壬申の乱だって？私は中世史研究者ですから、古代史に疎《うと》いのですが、それでも壬申の乱だったら、すこしは知っています。天武天皇元（六七二）年、天智《てんじ》天皇の死後、その後継を大海人皇子と大《おお》友皇子《とものみこ》が争った、古代最大の内戦です。

しかし、実際に戦闘が行なわれたのは、確か畿内《きない》（山城《やましろ》国、大和《やまと》国、河内《かわち》国、和泉《いずみ》国、摂《せっ》津《つ》国。12〜13ページの図表1）のはず。具体的には大和国（現・奈良県）周辺と、大友皇子が本拠とした近江国大津《おうみのくにおおつ》（現・滋賀県大津市）ではなかったか。

早速、多くの文献にあたって勉強してみました。すると、関ヶ原（当時は不破《ふわ》）は、大海人皇子が戦いの本営を置いたところだったのです。大海人皇子は同地から指令を発して戦いに勝利、大王《おおきみ》の位《くらい》に就《つ》いた。そして「大王」という称号を、中国の皇帝を強く意識し、皇帝と同等の格式を有する「天皇《すめらみこと》」に改めました。

いっぽう、徳川家康は関ヶ原の戦いで勝利することによって天下をつかみ、「将軍」となった。言葉を換えれば「江戸幕府」が始まったのです。

さらに、南北朝時代の暦応《りやくおう》元・延元《えんげん》三（一三三八）年一月二十日から二十九日にかけて、同じ場所で、青野《あおの》ヶ原《はら》の戦いという重要な合戦がありました。

戦いに至る経緯はこうです。北朝の天皇を戴《いただ》く足利尊氏《あしかがたかうじ》が京都を占拠したため、後醍醐《ごだい》天皇はかつて大海人皇子が身を隠した吉野《よしの》に立て籠《こ》もり、南朝を樹立。しかし、味方する武士は少なく、奥州《おうしゆう》の軍勢を率《ひき》いて西上してくる北畠顕家《きたばたけあきいえ》が唯一の希望だった。京都奪還を目指す北畠軍、迎え撃つ幕府軍。両者は青野ヶ原で激突します。結果は、幕府軍の辛勝でした。

この戦いをもって、後醍醐天皇の京都還幸《かんこう》の可能性はほぼ断《た》たれた。ということは、足利尊氏の政権は確固たるものとなり、「室町幕府」が確立した。

このように、不破＝青野ヶ原＝関ヶ原で行なわれた戦いが、その後の歴史を大きく変えています。この史実を、まずはしっかりと認識しなくてはなりません。そして、なぜこの地で戦うのか？　その勝敗がなぜ歴史を大きく動かすのか？　これらの謎解きに、研究者の端《はし》くれとして挑《いど》んでみようと思ったのです。

これから叙述していくことは、私なりの「答案」です。研究者の良心とともに、努めて合理的に、また論理の飛躍を抑え込み、考えて考えて、ようやく「答案」を作成することができました。私としては自信作ですが、それを判断するのは読者の皆さんです。まずはご一読ください。さらには楽しんでいただければ、これに過ぎる喜びはありません。

二〇一八年一月

本郷和人《ほんごうかずと》

目次

はじめに……3

序章　なぜ関ヶ原（不破《ふわ》）だったのか

固関《こげん》の儀式……16
日本はひとつではない……18
地方に興味がない貴族たち……21
京都と博多《はかた》を結ぶ大動脈……24
東と西がぶつかる場所……26
戦争の定義と目的……29
「玉《ぎよく》」の喪失は敗北ではない……31

ベストセラー『応仁の乱』のまちがい……34
当時の人口と動員兵力……38
地政学から見た関ヶ原……40

第一章

壬申の乱

壬申の乱の背景……44
大海人皇子《おおあまのみこ》は戦いを欲していた……48
大海人皇子の戦争目的……51
なぜ和蹔《わざみ》に本営を置いたのか……55
大海人皇子が気づいた戦略的価値……61
日本国の誕生……65

第二章

青野《あおの》ヶ原《はら》の戦い

北畠《きたばたけ》家のルーツ……70

運命のいたずら……72
後醍醐《ごだいご》天皇と北畠親房《ちかふさ》……76
羽柴《はしば》秀吉《ひでよし》の中国大返しに匹敵する進撃速度……79
北畠顕家《あきいえ》の戦争目的……82
「ばさら大名」の活躍……85
「悪党《あくとう》」こそ最強軍……87
土岐《とき》頼遠《よりとお》の武功と狼藉《ろうぜき》……90
顕家は勝ったのか……93
そして武士の世が到来した……97
五〇〇年後に花開いた『神皇正統記《じんのうしょうとうき》』……100
三種の神器は複数存在した!?……102

第三章 関ヶ原の戦い(1)その構造

将軍権力の二元論……106
都《みやこ》と鄙《ひな》……110

戦国大名の誕生……112
両軍で異なる戦争目的……115
石田三成《いしだみつなり》の戦略……118
徳川家康《とくがわいえやす》の思惑……122
家康はすでに将軍だった⁉……125
戦略家ではあるが、戦術家ではない三成……128
小早川秀秋《こばやかわひであき》は西軍とは言えない……132
吉川広家《きっかわひろいえ》の密約……135
大坂城籠城《ろうじょう》という選択肢……139

第四章

関ヶ原の戦い ⑵歴史的意義

大坂城開城の意味……144
誤解されている福島正則《ふくしままさのり》……146
江戸幕府の成立は一六〇〇年⁉……148
修正された、鎌倉・室町幕府の成立時期……149

家康の査定① 戦功重視、裏切りは許さない……152
家康の査定② 一族に甘い……154
家康の査定③ 家臣に厳しい……157
井伊《いい》家の光と影……160
家康の査定④ 敵にも甘い!?……162
毛利《もうり》家はなぜ生き残れたのか……164
家康の査定⑤ 東北と九州の軽視……167
なぜ家康は寛大だったのか……170
なぜ家康は幕府を京都に開かなかったのか……172
重商主義から重農主義へ……174

終章 歴史が転換する時

三つの戦いから見えてくること……178
日本の歴史の特徴……181
一神教国家と多神教国家……183

外圧が歴史を動かす……186
東西対決構造の終焉……189

編集協力　瀧井宏臣
図表作成　篠　宏行

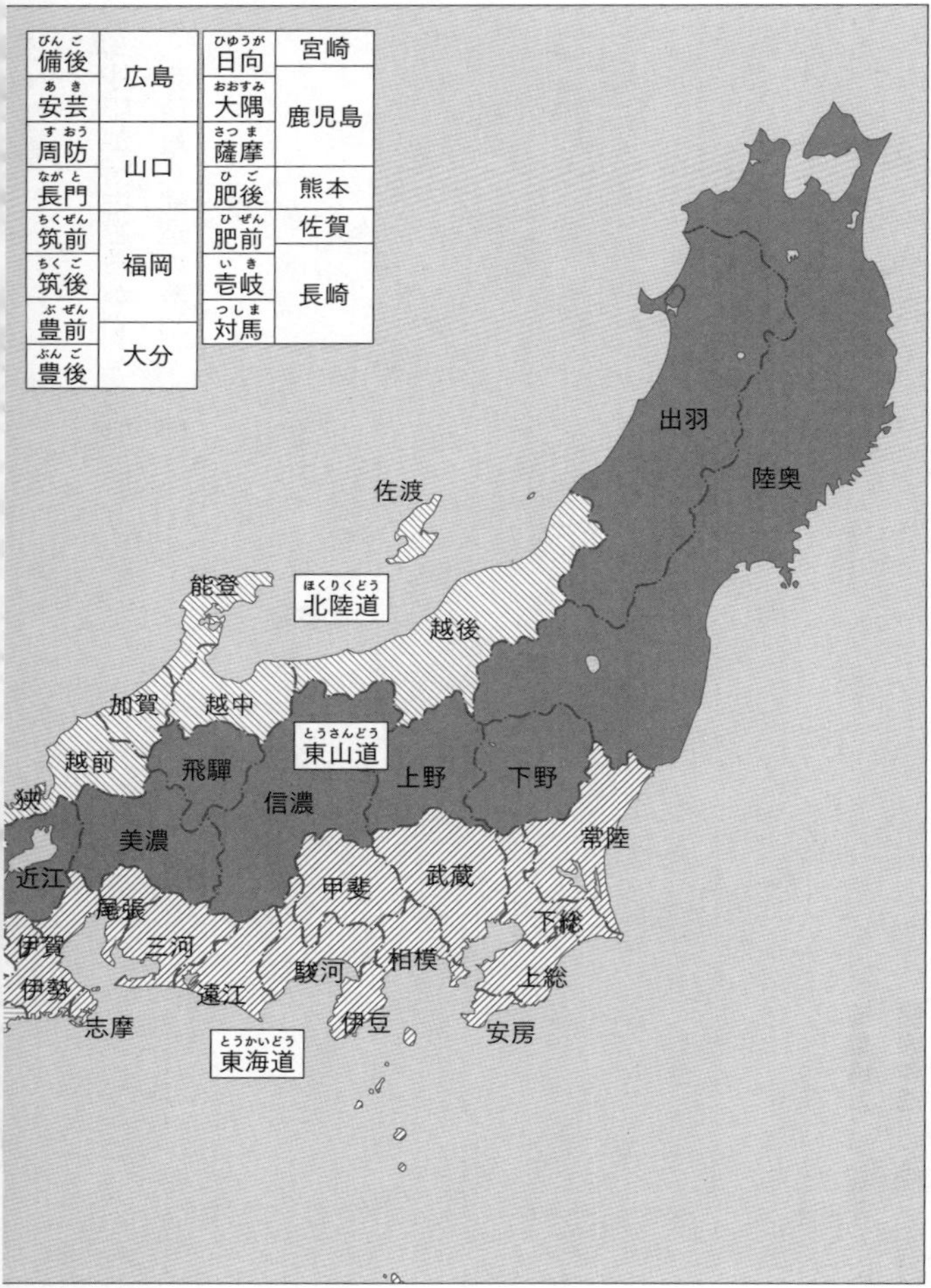
備後《びんご》
安芸《あき》
広島
周防《すおう》
長門《ながと》
山口
筑前《ちくぜん》
筑後《ちくご》
福岡
豊前《ぶぜん》
豊後《ぶんご》
大分
日向《ひゅうが》
宮崎
大隅《おおすみ》
薩摩《さつま》
鹿児島
肥後《ひご》
熊本
肥前《ひぜん》
佐賀
壱岐《いき》
対馬《つしま》
長崎
出羽
陸奥
佐渡
能登
北陸道《ほくりくどう》
越後
加賀
越中
越前
東山道《とうさんどう》
飛驒
信濃
上野
下野
狭
美濃
常陸
近江
甲斐
武蔵
尾張
下総
伊賀
三河
相模
駿河
上総
伊勢
遠江
志摩
伊豆
安房
東海道《とうかいどう》

図表1 律令制下の行政区画

国名	現・都府県
陸奥《むつ》	青森
	岩手
	宮城
	福島
出羽《でわ》	秋田
	山形
越後《えちご》	新潟
佐渡《さど》	
上野《こうずけ》	群馬
下野《しもつけ》	栃木
常陸《ひたち》	茨城
下総《しもうさ》	千葉
上総《かずさ》	
安房《あわ》	
武蔵《むさし》	埼玉
	東京
相模《さがみ》	神奈川
甲斐《かい》	山梨
信濃《しなの》	長野
伊豆《いず》	静岡
駿河《するが》	
遠江《とおとうみ》	
三河《みかわ》	愛知
尾張《おわり》	
美濃《みの》	岐阜
飛騨《ひだ》	
越中《えつちゅう》	富山
能登《のと》	石川
加賀《かが》	
越前《えちぜん》	福井
若狭《わかさ》	
近江《おうみ》	滋賀
伊勢《いせ》	三重
伊賀《いが》	
志摩《しま》	
紀伊《きい》	和歌山
大和《やまと》	奈良
山城《やましろ》	京都
丹後《たんご》	
丹波《たんば》	
但馬《たじま》	兵庫
淡路《あわじ》	
播磨《はりま》	
摂津《せつつ》	
和泉《いずみ》	大阪
河内《かわち》	
阿波《あわ》	徳島
土佐《とさ》	高知
伊予《いよ》	愛媛
讃岐《さぬき》	香川
備前《びぜん》	岡山
美作《みまさか》	
備中《びつちゅう》	
因幡《いなば》	鳥取
伯耆《ほうき》	
隠岐《おき》	島根
出雲《いずも》	
石見《いわみ》	

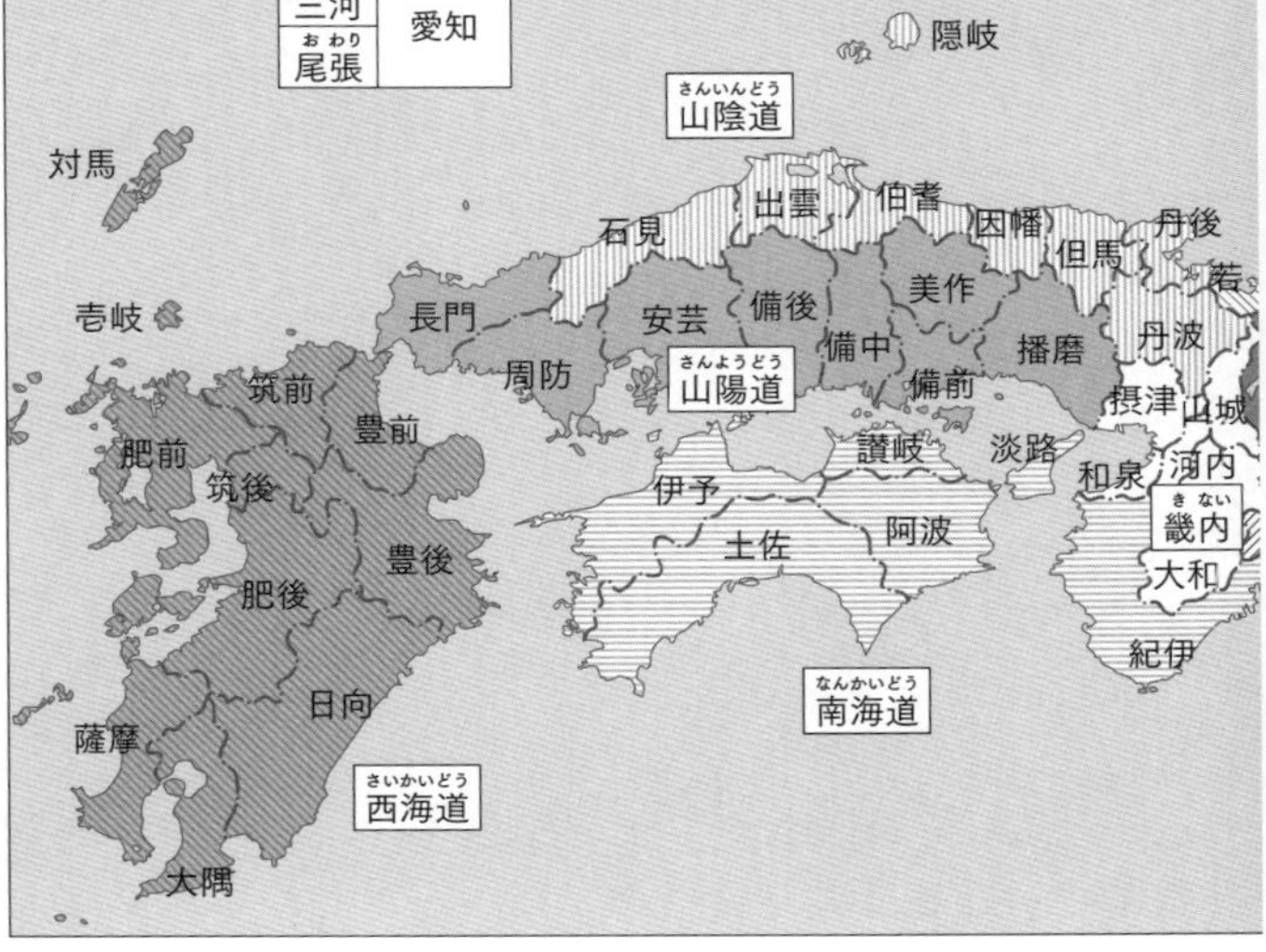

序章

なぜ関ヶ原（不《ふ》破《わ》）だったのか

固関《こげん》の儀式

律令《りつりょう》時代、「固関《こげん》」という朝廷の儀式がありました。

天皇・皇后の即位や崩御《ほうぎょ》といった代替《だいが》わりや、摂政《せっしょう》・関白《かんぱく》の死去などの大事が起きた時、朝廷は固関使《こげんし》を派遣、関所の防衛をしっかりするよう役人たちに指示をしました。つまり、京の都《みやこ》で変事があった時、都を防衛するために関所を固《かた》めたのです。

その関所は、三カ所ありました（三関《さんげん》）。ひとつめは越前《えちぜん》国の愛発関《あらちのせき》（現・福井県敦賀《つるが》市付近に推定）、ふたつめは伊勢《いせ》国の鈴鹿関《すずかのせき》（現・三重県亀山《かめやま》市付近に推定）、三つめが美濃《みの》国の不破関《ふわのせき》（現・岐阜県不破郡関ケ原町）です（図表2）。

北陸道《ほくりくどう》を通って京都に侵入しようとする反乱分子は、必ず愛発関を通らなくてはならない。その敵を食い止める関所が愛発関です。同様に、東海道《とうかいどう》を通って京都に入って来る敵に備えるのが鈴鹿関。中山道《なかせんどう》を通って京都に攻め入ろうとする敵を食い止める防衛拠点が不破関です。固関で想定されていたのは東から反乱分子がやって来る事態です。天皇や貴族にとって、仮想敵は必ず東にいたわけです。

そして、これら三つの関の東側を「関東《かんとう》」と呼びました。ですから、古代において、関東には中部地方も含まれていました。その後、朝廷の勢力が東方に広がるのにともない、未開の地である関東は、現在の関東地方から東側に限定されていくことになります。

「関西」という呼び方は、実は関東に対する言葉として作られたもので、都の人たちは「自分たちが関西にいる」とは思っていませんでした。時代が下った江戸時代でも、関西という言葉が使われることはほとんどなく、もっぱら「上方《かみがた》」が使われました。

図表2　三関《さんげん》の位置

　固関の儀式は、古代にはきちんと行なわれていましたが、中世になって形骸化《けいがいか》していきます。戦国時代には形だけとなりましたが、それでも「悪い奴は東からやって来る」という朝廷の意識は変わりませんでした。

都に侵入する敵を食い止める三つの防衛ラインのうち、不破関の東側が「関ヶ原」、まさに関の近くにある原野です。青々とした草が生《お》い茂《しげ》る野原ということで、「青野ヶ原」と呼ばれたこともあります。

本書では、壬申の乱、青野ヶ原の戦い、関ヶ原の戦いについて見ていきますが、これらの大合戦の要《かなめ》となったのは、古代から都の防衛ラインとされてきた不破関のすぐ東側の原野だったのです。

朝廷は壬申の乱以後、敵は常に東から来ると考え、西から来るという意識はなかったのです。この事実から、当時の人の、現代人とは異なる「日本観」が浮かび上がってきます。

日本はひとつではない

日本という国はひとつ。これが、現在の多くの日本人の日本観でしょう。

われわれは、日本は日本語というひとつの言語を使う、ひとつの民族から成る国家である、と学校で教わってきました。言い換えれば、私たちは「日本人」であるということです。「大和《やまと》民族」と表現されることもあります。

二〇一五年、ドイツは一〇〇万人以上の難民を受け入れました。これはドイツの同年の全人口・八二一八万人の実に一パーセント以上です。もっとも、二〇一八年以降は年間二〇万人を上限とするなど、減少傾向にはありますが。

ひるがえって、日本では二〇一六年の難民認定者は二八人。ドイツと比較すべくもなく、日本ほど難民や移民を受け入れない先進国はありません。それが良いか悪いかという議論はさて置いて、現実問題として日本に外国人の難民や移民が入って来ることは相当難しいと言わざるを得ません。その一因として、ひとつの民族が、ひとつの言語で、ひとつの国をつくってきたという昔からの考え方が強く影響していることが考えられます。

しかし、日本は本当にひとつだったのか。

私は最近、この考え方に疑問を抱くようになりました。もっと言えば、日本がひとつであるという考え方から、歴史を学ぶうえで誤った認識が生まれているのではないかと思うようになりました。

日本が昔からひとつだったという考え方は、欧米列強の圧力に対抗するため、天皇を中心にして国をひとつにまとめ上げねばならないという必要に迫られて、明治維新の頃に作られたと思われます。というのも、昔から日本がひとつだったとすれば、「日本の国を大事にしよう」「日本を強い国にしよう」といった主張が通りやすくなるからです。

現在の日本では、北は北海道から南は九州、沖縄まで、どこに住んでいても、政府から一定のサービスを受けることができます。また、国民の義務である納税も公平です。税金は広く薄く徴収することが原則になっており、住んでいる場所によって大きく違うことはありません。

たとえば、政府が消費税率を八パーセントから一〇パーセントに引き上げることを決めたなら、日本国内であればどこでも一律に引き上げられます。しかし、関ヶ原の戦い以前には、税金が広く薄く徴収されるということはありませんでした。その意味でも、日本はひとつではなかったのです。

誤った認識が生じたのは、空間における日本観だけではありません。時間における日本観、つまり歴史についても不合理が生じました。

明治の元勲《げんくん》たちが意識した最大のライバル国は、中国でした。四〇〇〇年の歴史を誇る大国・中国に対抗するために、日本も負けないくらい古い歴史を持った国であることを誇示する必要がありました。そして、初代・神武《じんむ》天皇が紀元前六六〇年に即位して以来、日本には二五〇〇年を超える長い歴史があることを国民に教え込んだのです。

ところが、神武天皇が紀元前六六〇年に即位したことにするために、『日本書紀《にほんしょき》』では神武天皇の崩御が一二七歳とされたのをはじめ、第十代の崇神《すじん》天皇が一二〇歳、第十一代の垂仁《すいにん》天皇に至っては一四〇歳とされ、初期の天皇の寿命を科学的とは言えない長寿にせざるを得なくなりました。

地方に興味がない貴族たち

古代の日本では、律令国家が営《いとな》まれました。当時のスーパーエリートたちは船に乗り、命がけで中国大陸に渡って隋《ずい》や唐《とう》といった先進国から法体系を学んだのです。そして、帰国後に日本的にアレンジした律令（律《りつ》が刑法、令《りょう》が行政法・民法を指す）を作り、国のかたちを定めました。

その律令によって、当時の日本がどのように分割されていたかというと、たとえば東北地方はあれだけ広大であるにもかかわらず、陸奥国《むつ》と出羽国《でわ》というふたつの国しか置かれませんでした。

このことから、古代の政府、つまり飛鳥《あすか》朝廷や大和《やまと》朝廷、平安朝は日本を均一に治めて、均一なサービスをしようとは考えていなかったことが推察できます。

確かに畿内、特に京都周辺では律令政治が行なわれたかもしれません。しかし、関東や東北など当時、辺境とされた地域でどれだけ律令が守られていたのか、疑問が残ります。そもそも、律令を理解できる知識人がほとんどいなかったと言ってよいでしょう。

古代史の研究者には、古代の日本では律令をもとに厳格な行政が行なわれていたと主張する人がいます。しかし、どう考えても机上の空論であり、幻にすぎません。それは、どのように税金が徴収されていたかを考えれば、一目瞭然です。

当時、律令に定められた土地制度にしたがい、税金の徴収方法は非常に複雑なしくみになっていました。たとえば、六歳になると「口分田《くぶんでん》」と呼ばれる田を貸し与えられ、その田んぼを耕作して得た収穫物で生活し、「租庸調《そようちょう》」という三種類の税金を納めました。

この口分田は個人に与えられたものではないので、その人が亡くなったら返却します。

つまり、私有という概念は否定されていたわけです。当時の朝廷は公地公民《こうちこうみん》、つまりすべての土地・すべての民《たみ》は天皇のものであるという原則に立っています。しかし、公地公民を全国津々浦々に行き渡らせるのは難しい。都から遠い地であった関東地方で租庸調の徴収ができたのかと言えば、それは困難だったと考えざるを得ません。

公地公民が行き渡っていなかったことが端的にわかる例として、平安時代の国司《こくし》のあり方を見てみましょう。国司には守《かみ》、介《すけ》、掾《じょう》、目《さかん》という四つの職《しき》があり（73ページの図表5）、全部ひっくるめて国司と言いました。このうち、守は現在の県知事にあたる役職です。

しかし、たとえば相模国《さがみ》（現・神奈川県の大部分）は相模守《さがみのかみ》が治めていたわけですが、実際には、相模守に任命された貴族が相模国にやって来ることはありませんでした。「遥任《ようにん》」と言って、京都の自邸におり、家人《けにん》（家臣、従者）を相模国に派遣して税の徴収にあたらせていました。当時の支配層である貴族たちはそもそも、地方に対して興味を持っていなかったのです。

京都と博多《はかた》を結ぶ大動脈

古代の日本列島を東西に分け、それぞれどういう状況にあったかを考えてみましょう。

まず、新しいもの、つまり新しい文化や考え方、日本国内では作り出せない品物が、どの方角から入って来たかというと、必ず西から入って来ました。当時の日本人が「おっ」と驚くような新しいものは、朝鮮半島や中国大陸から海を越えて渡ってきたのです。

ですから、日本人の興味対象がどこにあったか、つまり、どちらを向いていたかと言えば、明らかに西を向いていました。

だとすれば、西から東へという当時の流れを見れば、新しいものが日本列島に入って来る玄関口は筑前国《ちくぜんのくに》の博多《はかた》(現・福岡県福岡市)だったことがわかります。博多には古くからチャイナタウンがあり、商人の町として繁栄していました。当時の日本の都は畿内にあり、博多で水揚げされた品物は船に積み込まれ、瀬戸内海を通る海上ルートで都に運ばれたのです。

現在では、東京と大阪を結ぶ東海道新幹線が、日本の政治・経済の大動脈になっています。これは、江戸時代に、政治の都である江戸と経済の都である大坂を結ぶラインが大動脈になっていたのとまったく同じです。

しかし、古代の日本列島の大動脈はこれとは異なり、博多と都を結ぶラインでした。西《さい》国《ごく》は、比較的豊かだったのです。西国の豊かさの源泉として挙げられるのは、第一に交易が盛んだったことですが、それだけでなく、農業生産力が豊かだったこともあります。まだ品種改良が行なわれていない時代、温暖な西国のほうが、農業生産力が高かったのは自明のことです。

今でこそ、新潟県、秋田県、宮城県などはコシヒカリやササニシキといった米の産地のイメージが強いですが、これは品種改良や農業技術の発展にともなって起こったことです。新潟が米作地帯になったのは江戸時代中期以後であり、豪雪や寒冷対策が整《ととの》ったのは明治維新以後のことでした。

豊臣秀吉《とよとみひでよし》による太閤検地《たいこうけんち》の頃、尾張《おわり》国の石高《こくだか》が五七万石だったのに対し、面積が何倍もある越後《えちご》国の石高は三五万石でした。これは、東国《とうごく》が豊かでなかったことのひとつの証《あかし》になると思います。

ふたつの国しか置かれていない東北地方はもちろん、関東地方も、日本国の大動脈から遠く離れ、中央政府のコントロールから外れた地域でした。逆に言えば、関東地方は中央政府の〝定め〟から逸脱した動きを示していたのです。

東と西がぶつかる場所

そもそも、武士が戦いを繰《く》り広げたのはなぜか。

それは国衙《こくが》、つまり中央政府の出先機関がしっかりした政治を行なえず、その地域の治安が守られない状況が生じたからです。言ってみれば、関東では律令が顧《かえり》みられることがなく、弱肉強食の世界が広がっていたと推測されます。

そうなると、自分の利益を守るために、あるいは利益を拡大するために、戦いを起こす者が出てくる。それらに対抗するには、武装する必要が生じます。関東では自力救済、つまり自分たちの手で、自《みずか》らの身《み》や家族、財産などを守るために武装が始まり、武士が生まれてきたと考えられるわけです。

十世紀、平将門《たいらのまさかど》がそうした武士たちを抱え込んで反乱を起こしました。その後、さまざまな騒乱が東国から起こりました。平将門は新しい天皇を意味する「新皇《しんのう》」という呼称を用いて、中央政府から独立する動きを示しました。関東地方に新しい王権をつくろうと企《くわだ》てたわけです。

おもしろいのは、平将門を討伐したのが中央政府軍ではなかったこと。関東地方の在地の武士だった藤原秀郷《ふじわらのひでさと》らによって、将門は討《う》たれたのです。中央政府は、関東のことなど関心がなかったのです。ちなみに、藤原秀郷は藤原氏を名乗っていたにもかかわらず、系図がはっきりしていません。地元の優勝劣敗の騒乱のなかから伸《の》し上がってきた武士であると考えられます。

興味深いのは、平将門の動きは、関東では人々に記憶され、後世まで語り継《つ》がれたことです。たとえば、東京の千代田区にある神田明神《かんだみょうじん》や築土《つくど》神社に祀《まつ》られている神は、平将門。おそらく、将門が掲《かか》げた関東独立という精神が脈々と受け継がれてきたのでしょう。そして、このような機運が底流にあったからこそ、鎌倉幕府が開かれたと考えるのが自然だと思います。

比較的に豊かな西国の中心である畿内と、貧しい辺境の地である東国の関東はしばしば衝突しました。武士を筆頭にした関東の荒々しい気質の人たちは歌のひとつも詠《よ》めないだけでなく、字すら書けないわけですから、都の雅《みやび》な貴族たちから見れば、野蛮人として蔑《さげす》みの対象だったかもしれません。

蔑まれていた東国の人たちが西国の豊かさを奪い取ろうと都を目指す、つまり東の人たちが富《とみ》の再分配を求めて西に勝負を挑むという構図が、八世紀から十六世紀までの日本史の基本的なトレンドです。

そして、東の勢力が西に攻め上ろうとする時に、両者がぶつかり合う場所こそ不破、つまり関ヶ原でした。その地名（不破＝破れざる）も何やら因縁《いんねん》めいていて、興味をそそられます。

このように、日本の歴史を見てみると、東と西、東軍と西軍が雌雄《しゆう》を決する戦いがしばしば起きていますが、その決戦の場所の有力な候補なのが関ヶ原だったのです。

東国と西国、東軍と西軍が戦うといっても、西国・西軍の実態は官軍《かんぐん》でした。天皇を担《かつ》いでいたり、天下人《てんかびと》が率いていたりする軍勢が西軍という形を取ることが多かった。ですから、西軍よりも中央軍と言ったほうがよいかもしれません。

これに対して、東軍は中央政府の利益を再分配させることを狙《ねら》った反乱軍であることが多い。前述のように、西国の豊かさを奪い取るために中央政府に挑むのです。その時に、まず突破しなければならないのが不破関であり、戦いに勝利して畿内に侵入し、西国を侵略するということになります。

これは中国大陸で言えば、北方の異民族が万里《ばんり》の長城《ちょうじょう》を突破して、中国の歴代王朝を侵略し、略奪・破壊する構図とよく似ています。

戦争の定義と目的

ここで考えておかねばならないのは、そもそも戦争とは何か、という根本問題です。「何を言っているのか。おたがいの利害がぶつかり合うから戦うのであって、戦争を定義しても意味がない」と考える人がいるかもしれません。しかし、「そもそも論」を馬鹿にせず、きちんと根本から考えておくと、いろいろとわかってくることがあります。

第一に、AとBが戦う時、そもそもAとは何者であり、Bとは何者か。つまり、誰と誰が戦うのか。これが戦争について考える最初のポイントです。

第二に、攻撃する側はどちらか。つまり、戦争を起こした側がどちらか。Aがしかけたのか、Bがしかけたのか。そして、攻めているのはどちらか、守っているのはどちらか、をはっきりさせておかねばなりません。

第三に、仮にAが攻める側だとすると、Aはいったい何のために戦争を起こしたのか。つまり、何を目指して戦うのか。

これらは「そもそも論」でも初歩の段階ですが、このレベルで考えてもわかることがたくさんあります。たとえば、戦争を起こすには多額の費用がかかるので、どんなに愚《おろ》かな支配者であっても、戦争によって得られる利益が戦争にかかる費用（戦費）を大幅に下回るようであれば、戦争を起こすことにブレーキがかかるはずです。

兵法を説いた孫子《そんし》は「戦いは国の大事」と言っていますが、何らかの利益を求めて戦争を起こすわけです。多額の費用がかかり、死傷者を出す大変な難事である以上、戦争目的が何かをきちんと考えておかないといけない。よっぽど暗愚な支配者でない限り、何となく戦いが始まり、何となく戦いが終わるというようなことはありえないのです。

戦争というものはシビアなものですから、コストパフォーマンス（費用対効果）まできっちりと考えたうえで戦いが行なわれていたと考えるべきでしょう。

「玉《ぎょく》」の喪失は敗北ではない

では、この定義をもとに、戦争における「勝利」について考えてみましょう。

よく言われるのが、敵の大将を討ち取る＝勝利という図式ですが、十九世紀以降の近代戦で言えば、これはまちがいです。玉《ぎょく》（王）の喪失は敗北ではありません。

というのも、近代戦では、一軍を率いる総司令官が死亡しても戦いが終わるわけではないからです。大将が死亡した場合には中将が引き継ぎ、中将が死亡した場合は少将が総司令官を引き継ぎ、戦闘は続きます。トップが倒れた場合に指揮権を誰が引き継ぐかは、あらかじめ決められており、その通りに指揮権が移譲されていきます。ですから、少なくとも近代戦については、「敵の大将を討ち取れば勝ち」はまちがいだと言えます。

では、前近代の戦いはどうか。基本的には、敵の大将を討ち取ってしまえば勝利と言っていいでしょう。ただし、大将を討ち取ったケースというのは、思ったほど多くありません。戦国時代なら、織田信長《おだのぶなが》が今川義元《いまがわよしもと》を討ち取った桶狭間《おけはざま》の戦い、毛利元就《もうりもとなり》が陶晴賢《すえはるかた》を敗走させ、自害させた厳島《いつくしま》の戦いなど、むしろ少数です。

そうなると、大将を討ち取れなかった場合はどうなるのか。すべてが引き分けになるかというと、そうではありません。戦いをしかけた側が何らかの目的を掲げて戦いを起こし、戦闘を繰り広げるわけですから、その目的が果たされたら戦いをしかけた側の勝ちとなり、逆に目的が果たされずに退《しりぞ》いたら守った側の勝ちとなります。

この考え方について、「あたりまえのことではないか」と言う人がいるかもしれません。しかし、歴史上の戦いを分析するうえで、そのあたりまえのことがなおざりにされている事例がいくらでもあります。

たとえば、川中島《かわなかじま》の戦いを例に取りましょう。

この戦いは、越後の上杉謙信《うえすぎけんしん》と甲斐《かい》の武田信玄《たけだしんげん》が一二年間で五回にわたり、信濃《しなの》の犀川《さいがわ》と千曲川《ちくまがわ》との合流点である川中島付近（現・長野県長野市）で戦ったものです。しかし、有名な割に、これが何のための戦いだったのか、すぐに答えられる人は多くありません。

戦争前、川中島を含む北信濃四郡を領有していたのは、武田信玄でした。北信濃は、信濃一国・四〇万石の四分の一を占めるほどの肥沃《ひよく》な土地です。ですから、川中島の戦いでは、上杉謙信が攻める側で、北信濃の領有権を武田から奪うのが目的でした。

最大の激戦となった永禄《えいろく》四（一五六一）年の戦いでは、上杉軍一万三〇〇〇と武田軍二万が激突しました。江戸時代に武田家の戦略・戦術をまとめた軍学書『甲陽軍鑑《こうようぐんかん》』では、午前中は上杉軍の勝ち、午後は武田軍の勝ちで、総じて引き分けと記されています。武田軍の副将で信玄の弟・武田信繁《のぶしげ》、重臣・諸角虎定《もろずみとらさだ》、軍師・山本勘助《やまもとかんすけ》らが戦死しており、上杉軍がやや優勢だったと言う歴史家もいますが、引き分けと見るのが主流です。

しかし、前述の戦争の定義からすれば、上杉謙信は北信濃四郡を武田から奪い取る戦争目的を達することができなかったのですから、武田信玄の勝ちとなるわけです。実に、明快です。

ここで気をつけなければいけないのは、ひとつの合戦で勝利しても、五年後あるいは一〇年後まで視野に入れると、その合戦に勝ってしまったがために衰退したり滅亡したりすることもあるという事実です。

川中島の戦いで言えば、武田信繁や諸角虎定といった優れた武将を失ったことがのちに効《き》いてきて、武田家の勢力が衰《おとろ》える一因となりました。しかし、それは合戦でどちらが勝ったかという事実とは、別次元の話です。戦いの勝敗は、あくまでも合戦でどちらが勝ったかという点に限定して考えるべきです。

戦いには、戦争に勝つための「戦略」と戦闘に勝つための「戦術」があります。前者を総合的・長期的な計画・手段とすれば、後者は限定された戦場において勝利するための具体的・実戦的手段と言い換えてもいいかもしれません。

本書における戦いの勝利とは、あくまで戦闘における戦術レベルで勝つことを原則とします。たとえば、戦国大名のAとBが戦い、AがBを打ち破ったが、Aが消耗したため、戦国大名Cから攻められて滅亡したとします。これは戦略的に見れば、Aの敗北になりますが、戦術的にはAとBの戦闘でAが勝利したと見るのです。

ベストセラー『応仁の乱』のまちがい

次に〝応用問題〟として、応仁の乱を見てみます。

ベストセラーになった『応仁の乱』（呉座勇一《ござゆういち》・著）では、応仁の乱にはこれといった目的がなかったと解釈しています。戦いをどちらがしかけたかという点もあまり意味がないことで、目的を失って何となく戦う状態が一〇年以上も続いたとしていますが、これは常識ではありえないことです。

戦後七〇年以上にわたり、私たち日本人は国内で戦乱のない時代に生きています。ある意味で「平和ボケ」しているから、このような悠長なことを言っていられるのです。殺しあいをともなう戦争を舐《な》めてはいけない、というのが凡庸《ぼんよう》な私から、有能な後輩へのアドバイスです。

では、応仁の乱をどう捉《とら》えたらよいのか。私の見解を述べることにします。

第一に、誰と誰が戦ったか。一般的に、東軍の大将・細川勝元《ほそかわかつもと》と西軍の総帥《そうすい》・山名宗全《やまなそうぜん》の戦いと言われていますが、この認識でまちがいないと考えます。

第二に、攻める側は山名宗全を中心に土岐《とき》氏や大内《おおうち》氏らが加わった西軍であり、守る側は室町幕府の実権を握っていた管領《かんれい》・細川勝元を中心に赤松《あかまつ》氏や京極《きょうごく》氏らが加わった東軍です。

その関係を理解するためには、室町幕府の第三代将軍・足利義満《よしみつ》の時代にまで遡《さかのぼ》らなければなりません。室町幕府は足利義満の時代に全盛期を迎えましたが、義満の幼少期から補佐したのが細川勝元の五代前の細川家当主・頼之《よりゆき》でした。

足利義満は将軍就任後、細川氏、赤松氏、京極氏などの補佐を受けて、美濃・尾張・伊勢を支配していた土岐康行《やすゆき》や、山陰に強固な地盤を築いた山名一族を討ちました。また、応永《おうえい》六（一三九九）年の応永の乱では、日本一の商業都市・堺《さかい》（現・大阪府堺市）と博多を握っていた大内義弘《おおうちよしひろ》らを平定しています。

これらの功績により、細川氏は室町幕府内での実権を掌握。また、堺を支配下に置くだけでなく、阿波《あわ》国（現・徳島県）などに拠点を置いて瀬戸内海の交易を掌握し、絶大な権力を握りました。

ですから、山名宗全らは七〇年前に討伐されたリベンジのために、細川勝元らを討とうとしたわけです。つまり、戦争目的は、政治的には室町幕府の実権を奪い取ることであり、経済的には博多から京都に至る瀬戸内海の交易の支配権を奪取することでした。

戦いの決着がなかなかつかず、ダラダラと続いたのは足利将軍家の力不足です。室町幕府が弱体化していたため、山名宗全らを討伐できず、戦争を止める決断もできないままにズルズルと泥沼にはまってしまったのです。戦乱は一一年間にわたって続き、ようやく文《ぶん》明《めい》九（一四七七）年に終息しました。

結局、どちらが勝ったのかについて、呉座さんは引き分けという見方をしていますが、私が提示した戦争の定義に従えば、明らかにまちがいです。説明しましょう。

応仁の乱によって将軍家の無力さが暴露されたため、将軍に代わって実権を握ったのは細川氏です。それまでは斯波《しば》氏、畠山《はたけやま》氏、細川氏の三家が持ち回りで管領に就くことになっていましたが、これを機に細川氏が管領職を独占することになります。山名宗全らの西軍は、室町幕府の実権を奪取するという目的を果たせなかったどころか、細川氏が逆にその権力を強固にしたわけですから、明らかに細川氏の勝利と言えます。

ただし、応仁の乱が日本の歴史上にどう位置づけられるかは、また別の話です。応仁の乱が終わると、京都にいた諸大名は地元に帰って行きました。これによって、自らの地盤を固める戦国大名が出現し、本当の意味での地方の時代が始まると同時に、戦国時代が到来するわけです。

ここまで、川中島の戦いと応仁の乱を事例として、誰と誰が戦ったのか、どちらが攻める側で何のために戦ったのか、どちらが勝ったのかという「そもそも論」について具体的に述べてみました。本書では第一章から第四章にかけて、関ヶ原を舞台に繰り広げられた壬申の乱、青野ヶ原の戦い、関ヶ原の戦いという三つの戦いについて述べていきますが、同じように分析していくことにします。

当時の人口と動員兵力

本論に入る前に、もうひとつどうしても考えておかなければならないポイント、兵力について触れておきます。

史料の読み込みは歴史研究者の重要な仕事のひとつですが、その作業のなかで気づいたことがあります。それは、兵力についてはサバを読んでもいい、はっきり言えばウソをついてもいいという暗黙のルールがあるのではないかという疑念です。

特に目立つのが、軍記物語です。叙述を力強くするため、あるいは情景を鮮明にするために兵力はなるだけ多く見積もるという傾向があります。つまり、読者に対する効果を狙って、虚偽を記述している節《ふし》が見受けられるのです。

たとえば、治承《じしょう》四（一一八〇）年に源《みなもとの》頼朝《よりとも》と平維盛《これもり》が戦った富士川《ふじがわ》の戦いについて、『平家物語《へいけものがたり》』では平家軍が七万人と記されています。また、『吾妻鏡《あずまかがみ》』では平家軍を迎え撃った源氏軍が二〇万人と書かれています。『吾妻鏡』は北条《ほうじょう》氏が鎌倉幕府の正史を編纂《へんさん》しようと企図した歴史書で、事実に即した正確な記述がなされていると評価の高い史料です。しかし、さすがに二〇万人はサバの読みすぎと言わざるを得ません。

当時の日本列島に住んでいる人たちの「リアル」を考えた時、人口は推古《すいこ》天皇八（六〇〇）年時点でおよそ六〇〇万人と推定されています。関ヶ原の戦いが行なわれた慶長《けいちょう》五（一六〇〇）年時点でおよそ一二〇〇万人ですから、わずか六〇〇万人しか増えておらず、一〇〇〇年間に二倍にしかなっていません。

ちなみに、関ヶ原の戦いの時には、東軍・西軍合わせておよそ二〇万人が戦ったのですが、この人数についてはあまり疑問を持たれていません。

というのも、豊臣秀吉が天下を取った頃になると、どれぐらいの領地を持っていれば、どれぐらいの人数の兵隊を連れて戦場に来られるかについて、基本的なルールがあったからです。その考え方にもとづいて試算すると、誤差は生じるものの、二〇万人が関ヶ原で激突したことは十分にありえます。

しかし、関ヶ原の戦いの時よりも人口がずっと少ない、源平《げんぺい》の合戦時に、当時の源氏や平家が同じような権力や経済基盤を持っていたかというと、とうていありえないことです。そうだとすれば、富士川の戦いに集結した軍勢はもっと少なく見積もらないといけないでしょう。

常識的に考察するならば、関ヶ原の戦いが万人単位の戦いであれば、青野ヶ原の戦いは両軍とも一ケタずつ少ない千人単位、壬申の乱はさらに一ケタ少ない百人単位の戦いだったのではないか。合戦のリアルを考えると、このように規模を小さくして考えなくてはいけないと思います。

地政学から見た関ヶ原

序章の最後に、不破(関ヶ原)が地政学的見地からどのような意味を持っていたかについて触れておきます。

不破は一言で言えば、西国の富を奪おうと東国から来る野蛮な軍隊が、西国に侵入する入口です。当然ですが、政治的・経済的中心は都であり、東国の反乱軍は都を征服・侵略しようと軍勢を進める。西軍はその軍勢を迎え撃とうとするわけですが、その迎え撃つ戦場として選ばれたのが、まさに関ヶ原の周辺だったのは、実に興味深い。

なぜなら、東軍が押し寄せて来た時に、西軍が陣を布《し》き、東軍の挑戦を受けて立つ場所には関ヶ原が適当であると、当時の指揮官たちが考えたことを意味するからです。

現代のように小山をショベルカーで崩《くず》して平地にしたり、山の木々をチェーンソーで切り倒して見通しをよくしたりできる時代ではありませんから、自軍に有利な地形や土地の特性を頭に入れて戦うことが、戦《いくさ》に勝つための重要な条件になったはずです。

特に守る側にとって、攻めて来る側がそこを通らなければ西国に抜けられず、しかも横に展開できない狭隘《きょうあい》な地形であるほうが戦いに有利であるだけでなく、防衛ラインとしても適しています。ですから、東国から畿内に抜ける中山道のうち、両側を天満山《てんまやま》と松尾山に囲まれた関ヶ原は実にリーズナブルな場所でした（136～137ページの図表10）。

つまり、守る側が自分たちに有利な条件を考えて布陣したのが関ヶ原だったのです。

そうなると、関ヶ原での戦いでは、攻める側は東国から西に進んで来た東軍であり、豊かな中央に進出することが目的となるでしょう。これに対し、そうはさせまいと西軍は関ヶ原に防衛ラインを引いて撃退しようとしたわけです。

そして、勝利の条件は何かというと、東軍の目的が畿内に進出することですから、防衛ラインを突破することができれば東軍の勝ち、突破させずに撃退できたら西軍の勝ちということになります。

第三章で詳しく述べますが、関ヶ原の戦いで石田三成は尾張と三河《みかわ》の国境付近に防衛ラインを設定したかった。結果的に甘い読みでしたが、石田三成は清洲城《きよすじょう》（現・愛知県清須《きよす》市）にいた福島正則《ふくしままさのり》が東軍につくとは思っていなかったのです。清洲が敵方になると敵を内側に抱えることになりますから、当初の目論見《もくろみ》は崩れます。しかも、岐阜城（現・岐阜県岐阜市）が東軍の攻撃によって一日で落ちてしまった。このため、防衛ラインの引き直しをせざるを得なかったのです。

では、次章から関ヶ原の地で行なわれた、日本の歴史を大きく変えた三つの戦いについて、見ていくことにしましょう。

第一章

壬申の乱

壬申の乱の背景

壬申の乱は、天武天皇元（六七二）年に起きた古代史上最大の内戦です。天智天皇の崩御後、長子・大友皇子が近江大津宮《おうみおおつのみや》（現・滋賀県大津市）で政権を握っていましたが、これに対して天智天皇の弟・大海人皇子が反乱を起こしたのです（図表3）。

戦いの結果、大海人軍が勝利して近江朝廷を滅《ほろ》ぼし、大友皇子は自害に追い込まれます。大海人皇子は即位して天武天皇になり、飛鳥浄御原宮《あすかきよみはらのみや》（現・奈良県高市《たかいち》郡明日香《あすか》村）に遷都しました。大友皇子が即位したかどうかはわかりませんが、明治になってから、弘《こう》文《ぶん》天皇として歴代天皇の系図に組み入れられています。

戦いを起こしたのは大海人皇子であり、目的は大友皇子を討伐し、近江朝廷を滅ぼすことでした。天智天皇は生前、大海人皇子を皇太弟《こうたいてい》、つまり後継者としましたが、大友皇子を太政大臣《だいじょうだいじん》に抜擢《ばってき》し、大友皇子が実権を握りました。

『日本書紀』によると、病《やまい》に倒れた天智天皇は病床に大海人皇子を呼び、「皇位を譲《ゆず》りたい」旨を告げました。しかし、蘇我安麻呂《そがのやすまろ》から注

蘇我法提郎媛《そがのほうてのいらつめ》

図表3　天皇家の系図（6〜8世紀）

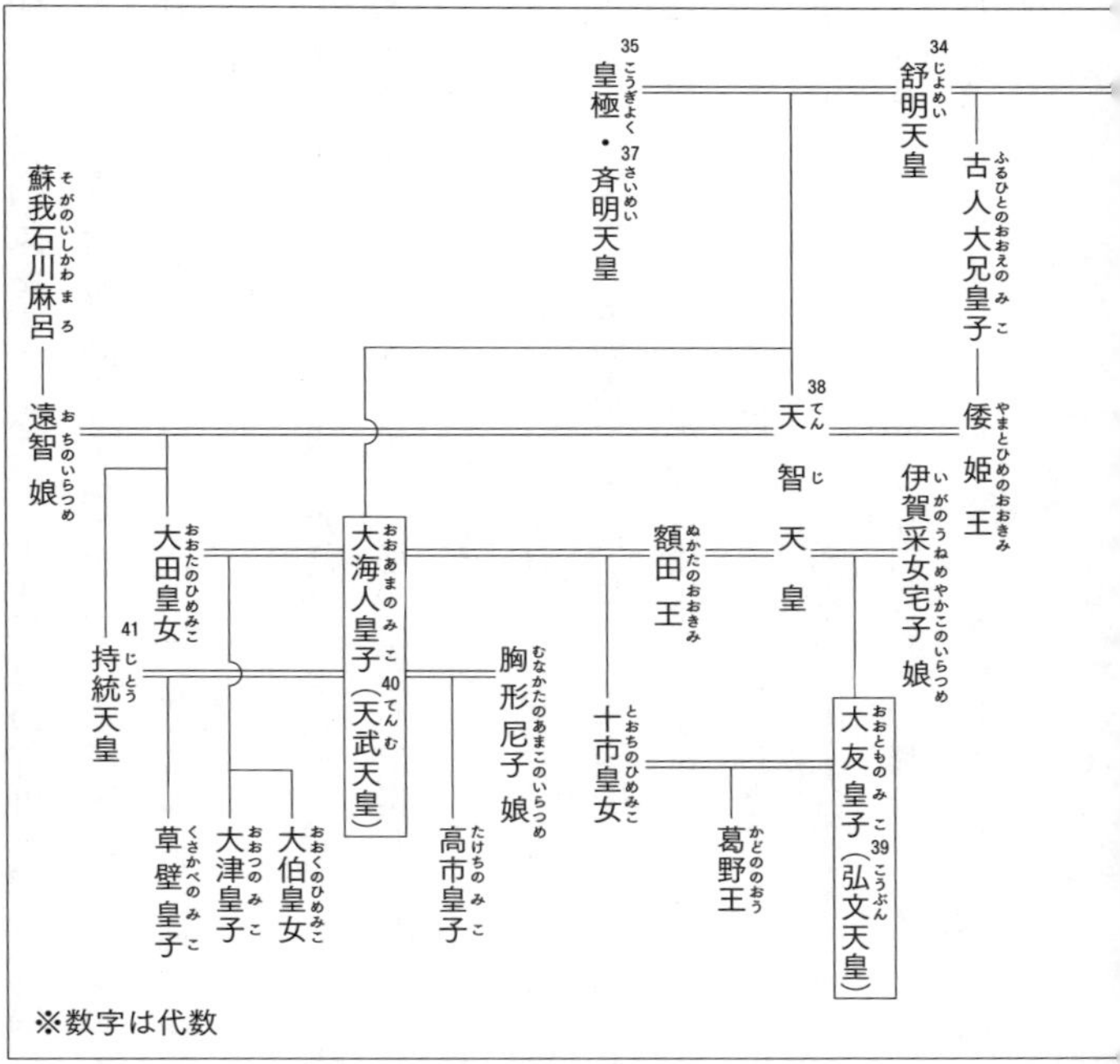

意するよう耳打ちされていた大海人皇子は、謀《たばかり》（譲位を受諾すると謀反の嫌疑をかけられ処罰される）があるかもしれないと用心し、申し出を固辞。「私は不幸にして多病で、とても国家を保つことはできません。願わくは、皇后に天下をお託しください。そして大友皇子を立てて、皇太子としてください。私は今日にも出家して、仏事を修

行することを望みます」と述べ、天智天皇の許可を得ました。

大海人皇子は宮殿で頭髪を剃《そ》って出家、大臣らの見送りを受けて吉野宮《よしののみや》（現・奈良県吉野郡吉野町）に向かいましたが、「虎に翼をつけて野に放つようなものだ」と言われたと『日本書紀』に記されています。

しかし、天智天皇の崩御後、近江朝廷が兵を徴発するなど不審な動きをしているという情報が入ります。大海人皇子は「私が皇位を辞退して身を引いたのは、ひとり療養につとめ、天命を全《まつと》うしようと思ったからである。それなのに今、避けられない禍《わざわい》を受けようとしている。どうしてこのまま黙っておられようか」と言って、挙兵におよんだ（『日本書紀』）。つまり、大海人皇子はやむなく正当防衛で近江朝廷と戦ったというわけです。

この点について、古代史の研究成果を踏まえつつ、私なりに検討した結果を後述しますが、まず戦いが起こる背景について説明しておきます。

皇極《こうぎょく》天皇四（六四五）年の乙巳《いっし》の変で、中大兄皇子《なかのおおえのみこ》は中臣鎌足《なかとみのかまたり》と組み、蘇我蝦夷《えみし》・入《いる》鹿《か》父子を滅ぼしました。蘇我父子は女帝の皇極天皇のもとで政治の実権を掌握、部曲《かきべ》（私有民）を動員して造った自らの墓に、天皇陵と同じ「陵《みささぎ》」を用いるなど、その専横ぶりには目にあまるものがあったからです。

そして、中大兄皇子は、同年の大化《たいか》の改新《かいしん》で天皇集権体制を整えるのです。公地公民制度をはじめ、班田収授法《はんでんしゅうじゅほう》や租庸調の税制などが新たに作られました。

この時期、朝鮮半島では大きな変動が起きていました。斉明《さいめい》天皇六（六六〇）年、唐・新羅《しらぎ》連合軍の侵攻によって百済《くだら》が滅亡。倭《わ》国は百済と長く友好関係にあったため、斉明天皇の皇太子・中大兄皇子は百済の復興を支援、朝鮮半島に大軍を派遣しました。ちなみに、皇極天皇が重祚《ちょうそ》、つまり再び皇位に就いたのが斉明天皇です。

斉明天皇七（六六一）年に斉明天皇が崩御してからも、中大兄皇子は天皇に即位しないまま陣頭指揮を執《と》りましたが、天智天皇二（六六三）年、白村江《はくそんこう》の戦いで大敗を喫《きっ》します。これにより、唐や新羅に攻められる危険性が高まり、中大兄皇子は飛鳥から近江大津宮に遷都し、天智天皇七（六六八）年にようやく即位しました。

二〇年以上にわたって朝廷の実権を握ってきたため、天智天皇は絶大なカリスマ性と政治力を有していました。この間、新羅が強大化して唐と敵対するようになると、今度は唐から倭国に対して出兵要請がなされます。

すでに、滅亡した百済からは多くの人たちが日本に亡命、帰化していました。近江朝廷には彼らがブレインとして入り、新羅による侵攻への備えを進めます。しかし、百済救済の時の出兵によって西国は徴兵や物資徴発で疲弊していたため、東国から徴兵する必要がありました。

このように、天智天皇と後継者の大友皇子は国外政策を重視、白村江の戦いで大敗しただけでなく、近江遷都の強行や史上初の全国的戸籍・庚午年籍《こうごねんじゃく》の作成などで、反感が強まっていました。

大海人皇子《おおあまのみこ》は戦いを欲していた

天智天皇は病が癒《い》えぬまま、天智天皇十（六七二）年に崩御します。前述のように、天智天皇は大海人皇子を死の床《とこ》に呼び、譲位を伝えましたが、大海人皇子はその申し出を断《ことわ》ったとされています。

このあと、大海人皇子は出家して吉野へ脱出するわけですが、当然ながら、なぜ脱出しなければならなかったかが大きな疑問として浮かび上がってきます。

近江朝廷に留《とど》まっていたら政治生命が失われる、もしくは生命そのものが危ないという危機的状況がなければ逃げ出したりはしないと考えるのが普通であり、古来そのように解釈されてきました。私も、この通説を変える必要はないと考えます。

強大なカリスマとして君臨した天智天皇の生命が今まさに尽《つ》きようとする時、天智がどのような判断を下すか、わからない。前述のように、大友皇子の権力基盤を固めるために「大海人を殺せ」と指示する危険性がある以上、ここは逃げたほうがいいと大海人皇子は判断したのでしょう。

穿《うが》った見方をすれば、大海人皇子は天智・大友政権との戦いを欲していたのかもしれません。権力とは戦いによって奪い取るものであり、状況を大きく変化させるには戦争が不可欠です。ギリシャのヘラクレイトスは「戦いが王をつくる」という言葉を残しましたが、非常をもってカオスを作り出し、既存の秩序をぶち壊す。そこから、新しい世界を構築するのです。

これは、関ヶ原の戦いも、明治維新の際の戊辰《ぼしん》戦争も同様です。西郷隆盛《さいごうたかもり》や大久保利通《おおくぼとしみち》らは状況を変えるために幕府軍と戦争しました。薩摩《さつま》藩邸の焼討《やきうち》事件をしかけるなど、戦争を強く欲していた西郷隆盛が大きく考えを変えたからこそ、江戸城の無血開城は歴史に残る事件となり、勝海舟《かつかいしゅう》との会談が大きな意味を持つのです。

中世史を専門にしている私が、古代の壬申の乱を読み解く時、浮かんだのが徳川家康の「神君伊賀越《しんくんいがご》え」と関ヶ原の戦いの前に行なわれた会津《あいづ》攻めです。

一二〇万石の大名・上杉景勝《かげかつ》に謀反《むほん》の疑いがあるとして、家康は諸大名を率いて会津（現・福島県会津地方）に上杉討伐に向かうのですが、自分が大坂城を離れれば、石田三成らが挙兵することを見越した行動だったことはまちがいありません。つまり、家康は石田三成ら西軍との戦いを欲していたと考えられます。

また、本能寺《ほんのうじ》の変で明智光秀《あけちみつひで》に織田信長が討たれた時、堺にいた家康が側近たちを引き連れて伊賀の険《けわ》しい山道《やまみち》（現・三重県西部）を歩き、領国の三河に帰ったのが神君伊賀越えですが、これは命からがらの逃避行でした。

本多忠勝《ほんだただかつ》や榊原康政《さかきばらやすまさ》ら腕自慢の兵《つわもの》たち三〇人を引き連れていた家康ですら、九死に一生を得て逃げ帰りました。実際、別行動を取った武田信玄・勝頼《かつより》の遺臣である穴山梅雪《あなやまばいせつ》は殺されているわけで、当時の旅とはそれぐらい危険なものでした。

私は、よく古代史の研究者に「当時、女性は旅ができたのか」と尋《たず》ねるのですが、とても女性が安全に旅行できるような状況ではありませんでした。中世で言えば、歴史家・網《あみ》野善彦《のよしひこ》が明らかにしたように、野盗《やとう》に襲われて身ぐるみ剝《は》がされたり、殺されたりするのが落ちでした。おそらく古代の日本でも、同じような状況だったと思われます。

ですから、大海人皇子が近江朝廷から吉野へ逃げたのも、ただの旅ではなく、命がけの逃避行であったと考えるべきです。大海人皇子は腕《うで》っ節《ぷし》の強い舎人《とねり》(豪族が貢進《こうしん》し、皇族や貴族に仕《つか》えた者)たちを多数従えて吉野へ向かったわけで、武力を含めて相当な準備をしていたはずです。ということは、大海人皇子は近江朝廷と戦う意志を持って吉野に逃げた、つまり戦いを欲していたのです。

大海人皇子の戦争目的

大海人皇子が戦いを欲していたとすれば、その戦いによって何を得ようとしたのでしょうか。

状況を変える必要がなければ、戦争をする必要もありません。天智天皇が死の床で「皇位を譲る」と申し出た際に、受けておけばよかったのです。申し出を受けずに辞退したということは、大海人皇子は何かをガラッと変えたかった。そのために戦いを欲したのです。

では、大海人皇子は近江朝廷の何を変えたかったのか。

大海人皇子が、朝廷の所在を変えたかったのはまちがいありません。近江に朝廷があること自体、異例の事態でしたから、自分たちの故郷とも言える奈良や飛鳥に朝廷を戻したかったのだと思います。ただし、遷都するだけなら、天皇に即位すればできることです。

そうすると、天智・大友政権の方針そのものを変えたかったのではないか。近江朝廷は外交重視でしたが、大海人皇子は内政を重視し、国内の整備が大事と考えていたようです。これは後述するように、豊臣政権と徳川幕府の違いと重なってきます。秀吉が朝鮮出兵をして失敗したため、家康は国内重視に舵《かじ》を切ったのです。

ですから、吉野に居を移して、近江朝廷がどのような振る舞いをするかを見届けるというのが、大海人皇子の戦略だったのではないか。吉野という場所は、奈良や飛鳥の背後に控える要害の地です。中世で言えば、後醍醐天皇が事《こと》あるごとに吉野に入り、態勢を立て直したことでも、これはわかります。

　大海人皇子が吉野宮に入ったのは、天智天皇十（六七一）年十月二十日のことです。同年十二月三日に天智天皇が崩御しますが、これ以後、大海人皇子の動向を伝える記録がパタッとなくなります。この時期に近江朝廷が吉野に軍を差し向ければ、大海人皇子を討伐することができたかもしれません。にもかかわらず、なぜ軍を差し向けなかったのでしょうか。

　この点については、近江朝廷は大海人皇子の討伐を考えていなかったという説を取りたいと思います。この時期、近江朝廷は攻めて来るかもしれない新羅への対応や、大友皇子の即位に向けての準備で大忙しだったからです。こうして対応が後手《ごて》に回ったことが、結果的に大友政権の敗北につながりました。

　大海人皇子は吉野という天然の要害に籠もり、舎人らを集め、ある程度の武力を組織していたと思われます。いっぽう、白村江の敗戦で疲弊している近江朝廷はなかなか兵を集めることができなかったと推測されるので、吉野の大海人軍は近江朝廷軍と戦っても、そう簡単には負けなかったことでしょう。

『日本書紀』によれば、翌年の天武天皇元（六七二）年五月、大海人皇子は朴井雄君《えのいのおきみ》から報告を受けます。それは、朝廷が美濃・尾張の国 宰《くにのみこともち》に対し「山陵《さんりょう》を造るために人を差し出せ」と命じ、彼らに武器を持たせていたというものでした。この兵について、『日本書紀』では前述したように大海人皇子討伐のための徴兵と決めつけています。いっぽう、倉本一宏《くらもとかずひろ》国際日本文化研究センター教授は著書『壬申の乱』のなかで、対新羅用の徴兵としていますが、私も同意見です。

そして、この徴兵の存在を知り、大海人皇子は動き出したのではないかというのが私の見立てです。近江朝廷が対新羅用に徴発した兵を、丸ごと自らの支配下に置いて挙兵しようと考えたのです。

では、大海人皇子はどのような戦略を描いていたのか。

大海人皇子は六月二十二日に美濃の安八磨郡《あはちまのこおり》で徴兵することを命じ、村国男依《むらくにのおより》ら臣下の舎人三人が、吉野から美濃に向かっています。安八磨郡は、現在の岐阜県安八《あんぱち》郡から揖《い》斐《び》郡、大垣《おおがき》市におよぶ地域です。

大海人皇子は安八磨郡に湯沐邑《ゆのむら》という領地を持っていましたが、湯沐邑は安八磨郡全体におよぶほど広大でした。おそらく、大海人皇子は湯沐邑に行ったことはなかったと思いますが、この地の資源や生産物が彼の権力のひとつの源泉であったことはまちがいないでしょう。

安八磨郡には、六〜七世紀の大規模な願成寺《がんじょうじ》古墳群があり、昔から開けたところでした。しかも、同郡南部にある金生山《きんしょうざん》からは高純度の赤鉄鉱が産出、この鉄を原料に生産された武器を保管する武器庫もありました。

大海人皇子は自分の領地である美濃の湯沐邑に移り、ここを戦いの本営にしようと考えたのではないか。湯沐邑を本営にすれば、近江朝廷が徴発した美濃と尾張の兵を配下にすることができるからです。

なぜ和蹔《わざみ》に本営を置いたのか

それでは、大海人皇子が吉野から美濃へどのように移動したかを追ってみましょう。

六月二十四日、吉野宮を出発した大海人皇子一行は東へと進み、伊賀の中山《なかやま》（現・三重県伊賀市）に到達（57ページの図表4）。ここで、郡司《ぐんじ》が数百の兵を率いて合流します。

翌二十五日から鈴鹿山道《すずかのやまみち》を東進《とうしん》。のちに伊勢国府《こくふ》が置かれた鈴鹿郡に到達すると、伊勢の国宰と湯沐《ゆの》令《うながし》（湯沐邑を管理する役人）が多くの兵とともに、大海人皇子を出迎えました。ここで、大海人皇子は兵五〇〇人をもって鈴鹿山道を閉ざしています。

二十六日、伊勢湾にほど近い桑名《くわなの》郡《こおりの》家《みやけ》（現・三重県桑名市。郡家とは郡司が政務・儀礼を行なう役所）に到着。この間、大海人皇子は、美濃から駆けつけた村国男依から報告を受けています。それは、先着した村国男依ら舎人三人の工作が成功し、美濃の兵三〇〇〇人でもって不破道《ふわのみち》の閉塞《へいそく》に成功したというものでした。兵三〇〇〇人と『日本書紀』には書かれていますが、これはサバを読んでいるのは明らか。数百と考えたほうがいいでしょう。

そして二十七日、進路を北に変え、本営を置く美濃の湯沐邑にある和蹔《わざみ》（和蹔ヶ原《わざみはら》）に入ったのです。

このように、大海人皇子は吉野から美濃への脱出行の道すがら、鈴鹿山道を塞《ふさ》ぎ、不破道も塞ぎました。つまり、東西を結ぶ主要な交通路である鈴鹿と不破を塞ぐことで、近江朝廷の兵の東進に備えたのです。これによって、和蹔に置いた本営を防御するとともに、

図表4　壬申の乱の推移

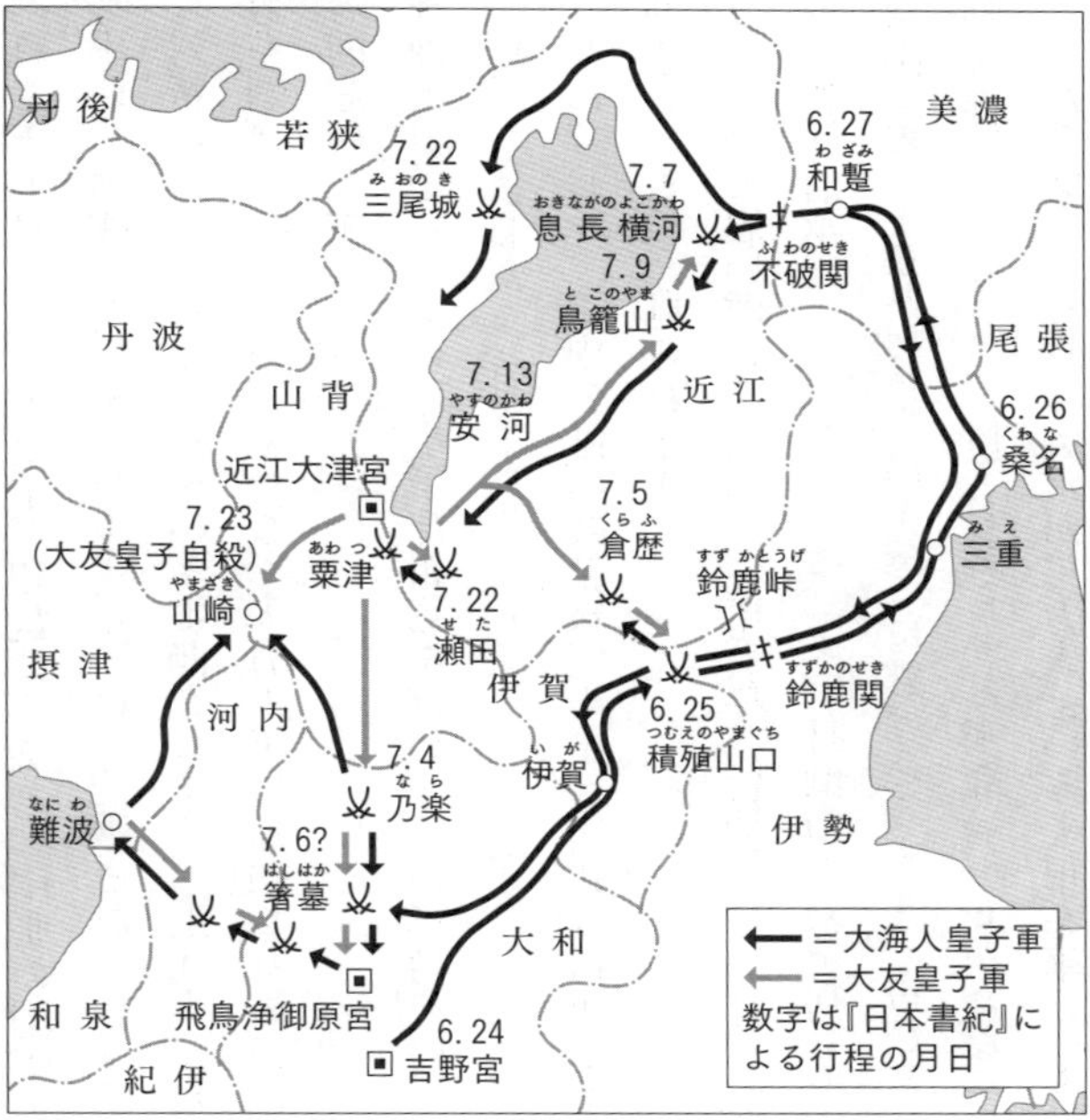

美濃・尾張で兵を集めることができました。

前述のように、百済救済の出兵で疲弊していた西国では、兵も物資も思うように徴発できませんでした。ですから、大海人皇子は徴兵が可能な東国に本営を置き、挙兵することを考えたのです。

大海人皇子が本営を置いた和蹔（和蹔ヶ原）こそ、のちに「関ヶ原」と呼ばれる原野なのです。

六月二十七日に大海人皇子が和蹔に入ると、尾張の国宰である小子部鉏鉤《ちいさこべのさいち》が二万人の兵を率いて帰順した、と『日本書紀』には記載されています。この兵は、近江朝廷の命《めい》により対新羅用に徴兵されたものと推測されます。近江大津宮に向かおうとしたところ、不破道を閉塞されたため、やむなく大海人軍に帰順したものと倉本教授は考えていますが、私も同意見です。

大海人皇子は、大いに小子部鉏鉤を誉《ほ》め、その軍勢をいくつかに分けて主力軍として戦線に投入しました（『日本書紀』）。しかし、大海人皇子は小子部鉏鉤をまったく信用していませんでした。壬申の乱の終結後、小子部鉏鉤は自決するのですが、これは大海人軍に処刑されたものと見られます。

この悲劇で思い浮かぶのが、『吾妻鏡』に描かれた有名な逸話です。

源頼朝は治承四（一一八〇）年、平家打倒のため挙兵したものの石橋山《いしばしやま》の戦いで敗走、安房《あわ》国（現・千葉県房総《ぼうそう》半島南端）に逃げ込みます。再び挙兵した頼朝は、上総介広常《かずさのすけひろつね》に参陣を促《うなが》したところ、待てど暮らせど来ない。しかたなく鎌倉へ向けて出陣、隅田川《すみだがわ》にさしかかる頃、ようやく広常が二万人という大軍を率いて合流しました。広常は感謝されると思っていたところ、頼朝は遅参を叱責。広常はその態度に感服します。

上総《かずさ》権介《ごんのすけ》広常、当国周東《すとう》・周西・伊南《いなん》・伊北・庁南《ちょうなん》・庁北の輩《やから》等を催《もよお》し具《ぐ》し、二万騎を率《そつ》して隅田河の辺《あたり》に参上す。武衛《ぶえい》（源頼朝）すこぶる彼《か》の遅参を瞋《いか》りて、あへてもって許容の気なし。

（『吾妻鏡』）

頼朝は広常の軍勢によって息を吹き返し、勝ち抜いて鎌倉幕府を開くのですが、上総介広常も小子部鉏鉤と同様に、最後は殺されています。二万人という兵数まで一致しているところを見ると、『吾妻鏡』の作者は『日本書紀』で小子部鉏鉤の件《くだり》を読んでおり、上総介広常の話を書いたのではないかと疑いたくなるほどの符合ぶりです。

話を元に戻しましょう。ここで熟考すべきは、大海人皇子がなぜ和蹔に本営を置いたかという点です。戦術上、重要な地であるから和蹔に本営を置いたのか。それとも、自らの領地であり、武器庫もあるからなのか。

結論から言えば、自らの領地だったから和蹔に本営を置いたというのが私の考えです。

湯沐邑が安八磨郡に設定されたのは、良質の鉄を産出する地域だったからで、鉄を原料に武器が作られ、武器庫に保管されていました。その和蹔に本営を構えようと考えた時点で、大海人皇子は、不破道を閉塞すれば東西の交通を遮断できる要地でもあることに気づき、臣下の舎人を派遣して不破道を塞いだのです。不破道を塞いでしまえば、美濃と尾張から安定的に兵を集めることができるからです。

整理すると、白村江の戦いで敗北して疲弊していたため、西国では兵を集めることができない事情がありました。ですから、東国で兵を集めるというのが大前提になるわけです。

そのうえで、第一に、自分の領地である湯沐邑が美濃の安八磨郡にある。第二に、ここに本営を置いて兵を集めよう。第三に、その際に近江朝廷から妨害されないように不破道を塞いでしまおう――大海人皇子はこの順番で考えたと推測されますが、この戦略は非常に優れたものです。

この結果、戦いを始めようとした時点で、大海人軍は近江朝廷軍よりもかなり優勢な兵力を編成することができたのです。

古代史の研究者のなかには、戦いの初期、大海人軍は近江朝廷軍にまったくかなわない程度の軍勢しか持っていなかったと見る人もいますが、それでは大海人軍の勝利を説明できないでしょう。

大海人皇子が気づいた戦略的価値

『日本書紀』によれば、天武天皇となった大海人皇子は、天武天皇五（六七六）年に物《もののべ》部雄君《のおきみ》（朴井雄君）が病気で亡くなった時、壬申の乱において大功があったとして冠位・内大紫位《うちだいしのくらい》を贈り、賞賛しています。

しかし、物部雄君は壬申の乱で戦闘行為にはいっさい加わっていません。ということは、戦争以外に大きな功績があったということです。それは「美濃・尾張で山陵を造るという名目で、兵が集められている」という情報をもたらしたことに加え、吉野から美濃までの脱出ルートの確保などに尽力したことが挙げられます。

大海人皇子の優れた采配《さいはい》の陰には、物部雄君のように戦国時代で言えば軍師にあたる優秀なブレインがいたことが窺《うかが》えます。

大海人皇子が鈴鹿山道と不破道を閉塞し、和蹔に本営を構え、美濃・尾張の兵を徴発できた時点で、ある意味で大海人皇子は勝利を手中にしたと言えますが、実際の戦闘についても簡単に見ておきましょう。

戦いは、大きく分けて二方面で行なわれました。ひとつは、六月二十九日に始まった大和での戦いです。大伴吹負《おおとものふけい》らが近江朝廷軍と戦い、飛鳥・大和を掌握しました。大伴吹負から援軍の要請が来たため、大海人皇子は和蹔の本営から兵を送っています。近江朝廷軍は、大海人軍が和蹔に本営を置いていることを知りながら、攻め込むことができませんでした。おそらく攻めるだけの兵を徴発できなかったのでしょう。

もうひとつは、七月七日になって琵琶湖《びわこ》東岸の息長横河《おきながのよこかわ》で両軍が激突した近江での戦いです。こちらも、高市皇子《たけちのみこ》を将軍とする大海人軍の勝利に終わります。その後、大海人軍は琵琶湖西岸からも別働隊を進軍させつつ、琵琶湖東岸で鳥籠山《とこのやま》、安河《やすのかわ》と進撃して戦いを繰り広げましたが、いずれも大海人軍が勝利しています。

結局、七月二十二日、大海人軍は瀬田橋《せたばし》の戦い（のちの瀬田の唐橋《からはし》、現・滋賀県大津市）で近江朝廷軍を撃破、近江大津宮を攻略しました。大友皇子は、七月二十三日に自害しています。

こうして戦いの経緯を俯瞰《ふかん》すると、大海人皇子の優れた戦略眼に目を見張りますが、そもそも和蹔の地、のちの関ヶ原に本営を置いて戦いを展開したことが勝利に導いたと言えます。

序章で述べたように律令制下、固関の儀式が行なわれていました。これは、天皇が崩御したり大きな政変が起きて譲位したりした時に不破や鈴鹿などの関所を固めて、東国からの侵略者を食い止めることを意味しました。

そのルーツは大海人皇子にありました。近江朝廷軍が東国に進撃し、あるいは東国で兵を徴発するのを食い止めるために、大海人皇子が不破道や鈴鹿山道を閉塞したのが、固関の始まりだったのです。

天武天皇は即位した翌年、不破、鈴鹿、愛発の三カ所に関所を置きました。つまり、関ヶ原という地の重要性に最初に目をつけ、関所を置いたのは天武天皇なのです。

たとえば、天平宝字《てんぴょうほうじ》八（七六四）年に藤原仲麻呂《ふじわらのなかまろ》（恵美押勝《えみのおしかつ》）が反乱を起こして逃げようとした時、愛発関で戦いに敗れています。

ここまで述べたことを整理すると、大海人皇子はその領地・湯沐邑が和蹔にあったので、戦いの本営を置いた。その本営を朝廷軍に攻められないように不破道を閉塞するとともに、朝廷軍が徴発した兵を支配下に置いた。そして、戦いに勝利したわけです。

このようにして天武天皇が大成功を収めたことから、和蹔（和蹔ヶ原＝不破＝関ヶ原）を押さえることが、天下を取る時に大きなアドバンテージになることがわかったのです。実は、関ヶ原が壬申の乱によってクローズアップされた戦略上の重要ポイントであることは、今回本書のために調べてはじめて気づいたことです（私以外の研究者がこの説を披露したことを寡聞《かぶん》にして知りません）。

大海人軍は関ヶ原では戦闘を行なっていませんが、戦略的な意味では、壬申の乱においてもっとも重要な場所であったことはまちがいありません。

しかし、天武が天皇になって以後、関ヶ原の戦略的意味は逆転します。関ヶ原を塞いでおいて、反乱軍が東国で余裕を持って兵を徴発するのではなく、都を守るために関所を置いた防衛拠点になったのです。それと同時に、大海人皇子が同地を拠点に都を攻略したように、反乱軍が東国から都に攻め入る時に突破すべき第一の関門にもなりました。

こうして、のちに青野ヶ原の戦いや関ヶ原の戦いが同地で起こることになるのです。

日本国の誕生

壬申の乱の翌年、天武天皇二（六七三）年に、大海人皇子は飛鳥浄御原宮で即位、天武天皇になりました（飛鳥朝廷）。壬申の乱は、天皇の長子と弟が国を二分して争った戦いであり、こののち、日本という国の姿は大きく変わりました。

最初に挙げられるのは、それまで「大王《おおきみ》」と呼ばれていたのが、天武朝から「天皇《すめらみこと》」になったことです。同時に、天皇を讃《たた》える神話が作られました。『日本書紀』『古事記《こじき》』が編纂され、神武天皇は天照大神《あまてらすおおみかみ》の末裔《まつえい》であるとして、天皇の存在における超越性についての理論武装が行なわれました。また、仏教と神道を両輪とする王権も確立しました。

天武天皇は遣唐使《けんとうし》の派遣を中止し、国内政治に重きを置きました。不破道、鈴鹿山道などに関所を置いて畿内の守りを固めるとともに、東国への勢力拡大にも取り組みました。

壬申の乱をきっかけに、関ヶ原が東国と畿内の分かれ目であり、重要な場所であるという認識が共有されました。不破、鈴鹿、愛発の三つの関所を結ぶ防衛ラインは、当時の日本の東側の国境を意味したのです。言ってみれば、日本国の原型がこの時代に誕生したわけです。

そして、「日本国」という国号《こくごう》もこの時代に生まれました。文武《もんむ》天皇の大宝《たいほう》二（七〇二）年に朝廷は遣唐使を再開しましたが、遣唐使たちはこの時はじめて日本国の使者だと主張しました。これが、文書に残っている日本という国号の初出です。

逆に言えば、この時代も日本はひとつではありませんでした。東国は異国であり、飛鳥朝廷には第二の大海人皇子が兵を引き連れて都を奪いに来るかもしれないという警戒感があったと思います。

不破関から東は「関東」と呼ばれましたが、関東は異国であると同時に、フロンティアでもありました。アメリカが東海岸から西へと開拓されていったように、日本では畿内から東へと開拓が進みました。畿内はもとより、中国、四国、九州北部などの西国は、言わば既得権益の網がかけられたエリアで、新たな権利を設定するのはなかなか難しくなっていました。ですから、大海人皇子が湯沐邑に領地を持ったように、東国に進出することによって、新たな権益を獲得しようとしたのです。

　天武から時代が下り、朝廷の力が増すと、その勢力範囲は急スピードで東に広がり、聖武《しょうむ》天皇の時代には、全国に国分寺《こくぶんじ》・国分尼寺《こくぶんにじ》を造営するに至りました。こうして、観念的には日本はひとつであることを意識できるようになったのです。

　そして、関東というエリアも東へと移動し、縮小していきました。桓武《かんむ》天皇の時代には、征夷大将軍《せいいたいしょうぐん》・坂上田村麻呂《さかのうえのたむらまろ》を東北地方に送るまでになりました。中部地方も日本国の勢力範囲に組み込まれ、関東は箱根《はこね》から東側、つまり現在の関東地方の姿になっていったのです。

第二章

青《あお》野《の》ヶ原《はら》の戦い

北畠《きたばたけ》家のルーツ

青野《あおの》ヶ原《はら》の戦いは暦応元・延元三(一三三八)年正月に、北畠顕家が率いる奥州の軍勢と室町幕府軍との間で行なわれた合戦です。

この戦いがどういうものだったかを理解するためには、北畠顕家とはどういう人物だったかを最初に押さえておかなくてはなりません。北畠顕家は当時一九歳の青年武将だったにもかかわらず、総大将でした。これは貴族・北畠家の嫡男《ちゃくなん》、つまり跡取《あとと》り息子だったからです。父親は、『神皇正統記《じんのうしょうとうき》』を書いたことで有名な北畠親房《ちかふさ》です。

北畠家のルーツを辿《たど》っていくと、村上源氏《むらかみげんじ》である源通親《みちちか》に遡《さかのぼ》ります。鎌倉時代初頭に活躍した通親は、朝廷の名門貴族です。官位は内大臣《ないだいじん》でしたが、後鳥羽《ごとば》天皇の補佐役として、その権勢は関白《かんぱく》にも匹敵するとまで言われました。源頼朝と渡り合い、一時は頼朝を政治的に追い詰めたこともある老獪《ろうかい》な政治家でした。

このように大きな権力を持った人物だったので、その子四人はそれぞれ家を興《おこ》しました。土御門《つちみかど》家、久我《こが》家、堀川《ほりかわ》家、中院《なかのいん》家です。ちなみに、久我家は、美人女優で有名だった久我美子《くがよしこ》の生家《せいか》で、彼女の父親は戦前、侯爵でした。家名を汚《けが》すとして「こが」ではなく「くが」という読みにした、という話も伝わっています。

中院家は公家の家格としては摂関《せっかん》家に次ぐ大臣《だいじん》家で、極官《きょっかん》として太政大臣まで上ることができました。この中院家の分家が、北畠家です。

北畠家を興した北畠雅家《まさいえ》は中院家に生まれ、中院家を継いだ異母弟・通成《みちなり》より年長でした。年長にもかかわらず、家を継がなかったのは、弟の母親が源頼朝の血を引いていたからです。すでに強大な権力を持ち、朝廷も無視できない存在だった頼朝の血を引いていたために、弟が中院家の跡取りになったのです。

ここで朝廷の官位について簡単に説明しましょう。内大臣の上には左大臣《さだいじん》と右大臣《うだいじん》があり（左大臣のほうが右大臣より上位）、その上に最高位の太政大臣が置かれていました（73ページの図表5）。太政大臣に至る出世コースは、大きく分けてふたつあります。ひとつは内大臣→右大臣→左大臣→太政大臣のコースで、これが本筋です。もうひとつは内大臣から直接、太政大臣になるコースですが、こちらは格下です。

平清盛《きよもり》は武家としてはじめて太政大臣になりましたが、内大臣から直接、太政大臣になっています。いっぽう、鎌倉幕府の第三代将軍・源実朝《さねとも》は内大臣から右大臣に昇進しています。暗殺されなければ本筋の出世コースを辿って太政大臣に上り詰め、格式では平清盛を超えていたでしょう。ちなみに、武家で最初に本筋のコースで太政大臣になったのは、室町幕府の第三代将軍・足利義満です。

貴族の家では、子は親と同じ昇進をして同じ仕事をこなし、同じ官位に就いたら後進に道を譲り、引退するというのが基本です。父親とまったく同じ道を歩むのが貴族の世襲のあり方で、父親が内大臣であったら、子が内大臣まで昇進できれば大成功なのです。

中院家は名門貴族ですが、北畠家を興した雅家は源頼朝の血を引いていなかったために、弟に家督を奪われてしまいました。では、なぜ北畠家を興すことができたのか。そこには、運命のいたずらとしか言いようのない事情がありました。

運命のいたずら

北畠家を興した雅家は村上源氏の一員かつ、その他大勢のひとりとして、土御門《つちみかど》天皇の皇子・邦仁王《くにひとおう》に仕えていました。土御門天皇の父が後鳥羽上皇です。後鳥羽上皇は皇子たちのうち、まず土御門天皇に位を譲りましたが、のちに順徳《じゅんとく》天皇になる弟を可愛がり、

図表5 律令官制

中央官制

- 神祇官《じんぎかん》（祭祀）
- 太政官《だいじょうかん》（行政）
  - 左大臣《さだいじん》／太政大臣《だいじょうだいじん》／右大臣《うだいじん》
    - 大納言《だいなごん》
      - 左弁官《さべんかん》
        - 中務《なかつかさ》省（詔書の作成など）
        - 式部《しきぶ》省（文官の人事など）
        - 治部《じぶ》省（仏事、外交事務など）
        - 民部《みんぶ》省（民政、財政など）
      - 少納言《しょうなごん》
      - 右弁官《うべんかん》
        - 兵部《ひょうぶ》省（軍事、武官の人事など）
        - 刑部《ぎょうぶ》省（裁判、刑罰など）
        - 大蔵《おおくら》省（収納、貨幣など）
        - 宮内《くない》省（宮中の事務など）
- 内大臣《ないだいじん》 ※令外《りょうげ》の官《かん》
- 弾正台《だんじょうだい》（風俗取り締まり、官吏の監察）
- 五衛府《ごえふ》（宮城などの警備）

地方官制

- 要地
  - 左《さ》右《う》京職《きょうしき》
  - 摂津職《せっつしき》
  - 大宰府《だざいふ》
- 諸国
  - 国《こく》（国司《こくし》）
    - 郡《ぐん》（郡司《ぐんじ》）—里《り》（里長《りちょう》）
    - 軍団

四等官制《しとうかんせい》

	省	大宰府	国	郡
長官《かみ》	卿《きょう》	帥《そち》	守《かみ》	大領《たいりょう》
次官《すけ》	大輔《たいふ》 少輔《しょうゆう》	大弐《だいに》 少弐《しょうに》	介《すけ》	少領《しょうりょう》
判官《じょう》	大丞《だいじょう》 少丞《しょうじょう》	大監《だいげん》 少監《しょうげん》	大掾《だいじょう》 少掾《しょうじょう》	主政《しゅせい》
主典《さかん》	大録《だいさかん》 少録《しょうさかん》	大典《だいてん》 少典《しょうてん》	大目《だいさかん》 少目《しょうさかん》	主帳《しゅちょう》

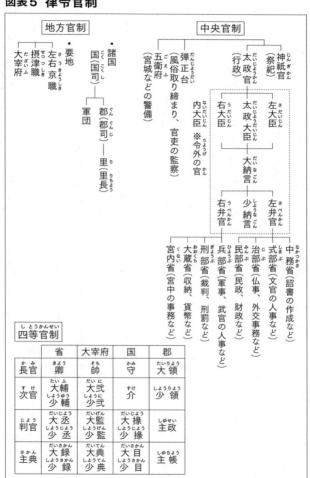

順徳天皇が嫡流《ちゃくりゅう》になりました。土御門天皇の母親が村上源氏であるため、村上源氏としては土御門天皇に嫡流になってもらいたかったのですが、その希望は叶《かな》いませんでした。

承久《じょうきゅう》三（一二二一）年の承久の乱で、後鳥羽上皇は鎌倉幕府を滅ぼそうと企て、挙兵しました。しかし、戦いに敗れて捕縛《ほばく》され、隠岐島《おきのしま》（現・島根県隠岐郡）に流されてしまいました。後鳥羽上皇の倒幕計画を補佐していたのが正嫡《せいちゃく》・順徳天皇ですが、自らも天皇の位を退いて上皇となり、計画に加担したため、やはり捕縛されて佐渡島《さどがしま》（現・新潟県佐渡市）に流されました。

いっぽう、兄の土御門上皇は父親・弟と一線を画《かく》していたため、幕府は流罪《るざい》に処する考えはありませんでしたが、本人が「父が隠岐島に流されているのに自分が京都に留まっているのは親不孝なので、自分もどこかに流してほしい」と訴えたと言われています。それで、幕府は土御門上皇を土佐国《とさ》（現・高知県）に配流《はいる》、しばらくして阿波国に移しました。

問題はそのあとです。鎌倉幕府は、後鳥羽上皇の血を引いた人が天皇になることを嫌い、出家していた後鳥羽上皇の兄・守貞《もりさだ》親王を担ぎ出し、その第三皇子を後堀河《ごほりかわ》天皇として迎え入れました。その後、後堀河天皇の唯一の男子・四条《しじょう》天皇が幼くして即位しますが、一〇歳の時に事故で亡くなってしまいます。

新しい天皇をどうするかという時に、候補に挙がったのが土御門上皇の皇子・邦仁王と、順徳上皇の皇子・忠成王《ただなりおう》のふたりです。ちなみに、ふたりとも親王《しんのう》の宣下《せんげ》を受けていないため、王となっています。

幕府はふたりとも後鳥羽上皇の孫になるので嫌いましたが、後鳥羽上皇が正嫡とした順徳上皇の皇子・忠成王が天皇になることは最悪の選択でした。「幕府は祖父と父の仇《かたき》である」と言って、倒幕の企てをされてはたまったものではないからです。こうして、幕府は土御門上皇の皇子・邦仁王を担ぎ、後嵯峨《ごさが》天皇となりました。

正嫡とならなかった土御門上皇のもとには、貴族たちが寄りつきませんでした。さらに土御門上皇が四国に流されて以後、邦仁王は皇位とは無縁の暮らしをしていました。その邦仁王に仕えていたのが北畠家の初代・雅家なのです。言ってみれば、将来的に光がある可能性がまったくないと思われていた皇子に奉仕していたわけです。

ところが、四条天皇の急死というアクシデントがあり、幕府の思惑《おもわく》から邦仁王が後嵯峨天皇として即位することになった。このため、北畠家は天皇の側近となり、歴史の表舞台に躍り出てきたわけです。

北畠家は、家格は本家である中院家におよばないため、大臣にはなれないけれども、大《だい》納言《なごん》までは出世する名門貴族として定着することになりました。

後嵯峨天皇の皇子からは、後深草《ごふかくさ》天皇と亀山《かめやま》天皇が出ますが、兄の後深草天皇が持明《じみよう》院統《いんとう》（北朝）、弟の亀山天皇が大覚寺統《だいかくじとう》（南朝）とふたつの系統に分かれます（図表6）。朝廷は、持明院統から天皇が出たら次は大覚寺統から、と交互に即位する方式を取りました。この両統迭立《りようとうてつりつ》が南北朝の騒乱のもとになるわけですが、北畠家は常に大覚寺統に忠節を尽くす家であり続けました。

後醍醐《ごだいご》天皇と北畠親房《ちかふさ》

南北朝時代、大覚寺統（南朝）から出てきたのが後醍醐天皇であり、後醍醐天皇に忠節を尽くした人物として、北畠親房は戦前、尊崇されていました。しかし、私が史料を分析した結論は、後醍醐天皇と北畠親房は相容《あいい》れなかったにちがいない——です。なぜなら、ふたりの政治思想が根本的に違うからです。

後醍醐天皇は、武士を認めませんでした。武士が政権に関与することを認めず、将軍を置かないことを政治の大原則にしました。いっぽうの北畠親房は、武士が政権に関与することだけでなく、天皇の命を受けた将軍が政治をすることも認めていました。ですから、どう考えても、ふたりは思想的に異なります。

後醍醐天皇が元弘《げんこう》三（一三三三）年に建武《けんむ》の新政《しんせい》を始めた時、北畠親房は東北に左遷さ

図表6　天皇家の系図（13〜15世紀）

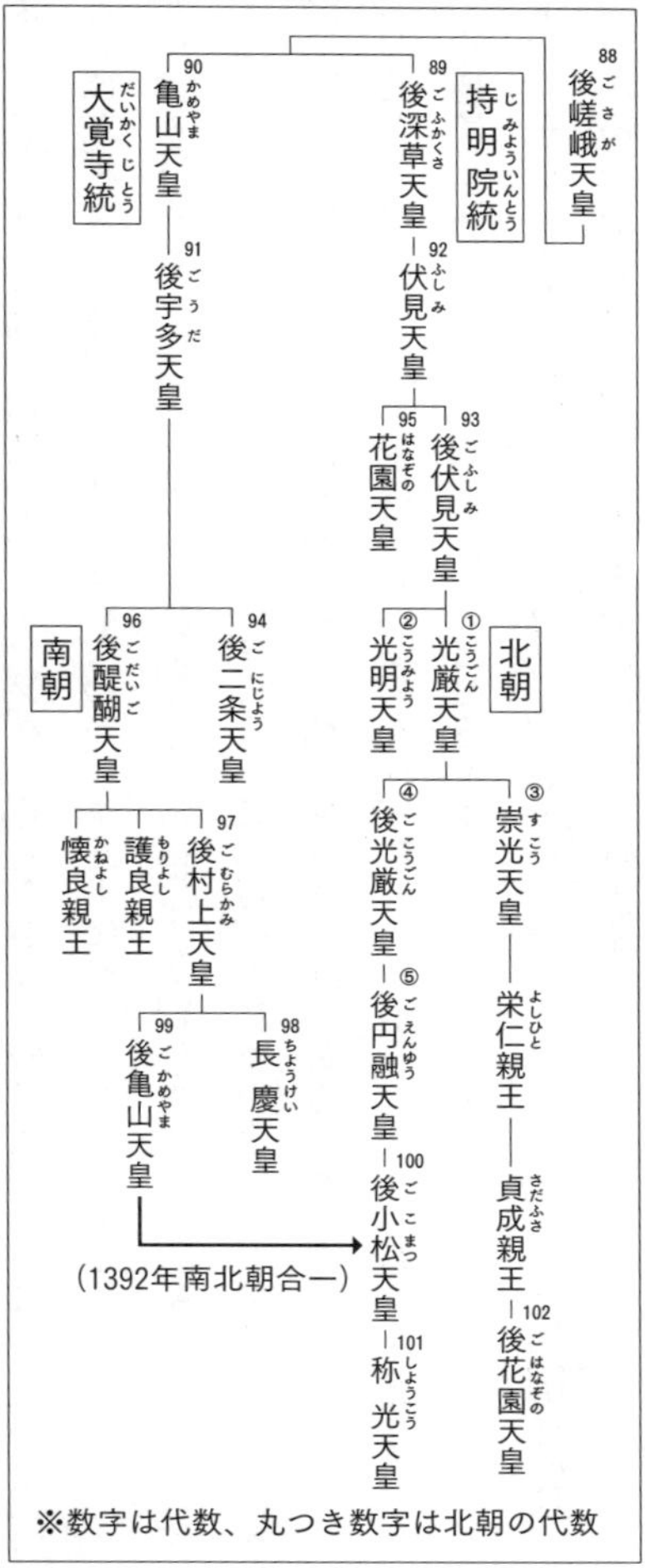

れます。つまり、京都の朝廷にポジションをもらえなかったのです。この時、父親の親房とともに左遷され、陸奥守に任命されたのが、まだ十代だった北畠顕家です。

北畠顕家は親房の後継者であり、大納言《だいなごん》まで出世する羽林家《うりん》（大臣家に次ぐ家格）の嫡男です。このクラスの貴族は通常、国司になることは絶対にありません。ですから、顕家は陸奥守に任命された時、後醍醐天皇に「私の家は陸奥守になることはございません」と進言したところ、後醍醐天皇は「朕《ちん》はこのたび、新しい政治を行なう。おまえは陸奥守として陸奥に赴任し、奥州の武士たちを束《たば》ねるように」と命じます。

北畠父子は後醍醐天皇の皇子・義良《のりよし》親王（のちの後村上《ごむらかみ》天皇）を奉じて陸奥国に赴任、鎮守府《ちんじゅふ》があった多賀城《たが》（現・宮城県多賀城市）に入ります。

そのうちに、足利尊氏が鎌倉で建武政権に反旗を翻《ひるがえ》して挙兵、京都を目指して進撃を開始します。建武二（一三三五）年十二月二十二日、北畠顕家は配下の武士たちを率いて多賀城を出発し、尊氏の軍勢を追いかけるように京都を目指しました。南部《なんぶ》氏、伊達《だて》氏、結城《ゆうき》氏といった顕家の配下にあった武士たちが付き従った、と記録に残っています。

北畠顕家は建武三・延元元（一三三六）年一月十三日に入京、京都の周辺で両軍が激突しました。南朝側では、北畠顕家だけでなく、楠木正成《くすのきまさしげ》や新田義貞《にったよしさだ》らも奮戦しました。戦いは二月十二日に建武政権側が勝利、足利尊氏は敗走して九州へ逃れます。

戦いが終わったので、顕家は陸奥国に引き揚げましたが、奥州では足利尊氏方につく武士が続出していました。顕家は多賀城を放棄せざるを得なくなり、建武四・延元二（一三三七）年一月に国府を霊山城《りようぜん》（現・福島県伊達市《だて》）に移し、本拠としました。ちなみに、このあたりの経緯については、作家・北方謙三《きたかたけんぞう》が『破軍の星』で描いています。

羽柴秀吉《はしばひでよし》の中国大返しに匹敵する進撃速度

そのまま滅びるかに思えた足利尊氏は九州で再起を果たし、再び大軍を率いて進撃してきました。尊氏軍は建武三・延元元（一三三六）年に摂津国の湊川《みなとがわ》（現・兵庫県神戸市《こうべ》）で行なわれた湊川の戦いで楠木正成軍を破り、正成は戦死。こうして、尊氏軍は京都を再占領します。

後醍醐天皇は比叡山《ひえいざん》に逃げ、京都の奪回を画策《かくさく》しましたが失敗。尊氏に降伏し、三種の神器《じんぎ》（八咫鏡《やたのかがみ》、八坂瓊曲玉《やさかにのまがたま》、宝剣）を尊氏に引き渡します。そして、足利尊氏は持明院統、つまり北朝の天皇を担いで室町幕府を開くのです。しかし、大人しくしていることができない後醍醐天皇は吉野へ逃げ、「私が持っている三種の神器こそ本物」と宣言して南朝の旗揚げをしました。

こうして、京都・北朝と吉野・南朝に分かれて争うという、前代未聞の騒乱が生じたのです。この時、南朝の希望の星は、陸奥国に帰っていた北畠顕家でした。後醍醐天皇から挙兵して京都を奪還するよう命じられ、顕家は建武四・延元二（一三三七）年八月、奥州の軍勢を率いて霊山を出発しました。

顕家軍が鎌倉を出たのが暦応元・延元三（一三三八）年正月二日ですから、尊氏に味方する武士たちを平定、鎌倉を攻略するまでに五カ月近くかかっています。その後、正月二日に鎌倉を出ると、七日には遠江国《とおとうみ》の橋本宿《はしもとのしゆく》（現・静岡県湖西市《こさい》）、十二日に尾張国の黒田宿《だのしゆく》（現・愛知県一宮市《いちのみや》）、そして一月二十二日には美濃国に入っています。

私の〝師匠〟のひとりは石井進《いしいすすむ》東大名誉教授ですが、その師匠である佐藤進一《さとうしんいち》中央大名誉教授の名著『南北朝の動乱』には、この時の進撃が「猛烈なスピード」と記されています。本能寺の変で織田信長が明智光秀に討たれたあと、羽柴秀吉《はしばひでよし》が備中高松城《びっちゅうたかまつ》（現・

岡山県岡山市)から引き返した「中国大返し」に勝るとも劣らない猛スピードだったようです。

この時代の軍事行動は兵站《へいたん》を顧みずに行軍するので、ものすごく速い。要するに、食糧など必要な物資を略奪して進撃したために、顕家軍の通ったあとは草も木も生《は》えなかった、とさえ言われています。

問題は、北畠顕家が率いていた兵力です。『太平記《たいへいき》』には五〇万騎と書かれています。また、本当のことが書かれていない『太平記』を難じる、という意味の『難太平記《なんたいへいき》』には三〇万騎と書かれています。騎馬武者が三〇万〜五〇万人ということは、兵士はもっと多いことになり、この数字はまったく信用できません。

もし鎌倉から美濃まで三週間で進撃したというスピードが本当だとすれば、途中で兵士を調達することはほぼ不可能ですから、中国大返しの時の秀吉の軍勢二万人より相当少ない人数だったと考えられます。

北畠顕家《あきいえ》の戦争目的

いよいよ青野ヶ原の戦いです。一月二十八日、北畠顕家は美濃国に攻めかかります。当時の美濃国の守護（後述）は土岐頼貞《よりさだ》、その子でのちに家督を継ぐ頼遠《よりとお》と室町幕府から派遣された高師冬《こうのもろふゆ》・師泰《もろやす》が、顕家を迎え撃ちます（図表7）。

顕家の戦争目的は京都を奪い返すこと。天皇はやはり京都にいなくてはなりません。天皇が都にいないのは「天子蒙塵《てんしもうじん》」と言って異常事態であり、都を奪還して後醍醐天皇に京都で再び位に就いてもらおうというわけです。

室町幕府側にすれば、北畠軍をどこで防御するかが最大のポイントです。壬申の乱以来よく行なわれていたのが、瀬田の唐橋の橋板を落としたり、橋そのものを焼き落としたりして、京都に入れさせないことです。しかし、これが成功したためしはありません。

そこで、幕府首脳部は、打って出て、しかるべき場所で北畠軍を打ち破ろうと考え、高師冬らを派遣したと『太平記』などには書かれています。ここから考えると、高師冬ら派遣軍は地元・美濃の武家を束ねる土岐頼遠らと協力して、青野ヶ原に防衛ラインを引いたと考えるのが、一番合理的な解釈です。

日本史のもっとも権威のある歴史事典は吉川弘文館『国史大辞典』ですが、青野ヶ原の戦いについて執筆しているのは、勝俣鎮夫《かつまたしずお》東大名誉教授です。勝俣教授の記述も、前述した佐藤教授の著書『南北朝の動乱』の記述も、室町幕府軍は青野ヶ原で防衛ラインを構築した。それに対して、京都方面に進みたい北畠顕家の率いる奥州軍が戦いを挑んだとされていますが、私も同様に考えます。

図表7　青野ヶ原の戦い・両軍の陣容

幕府軍（北朝）	北畠軍（南朝）
土岐頼遠《ときよりとお》	義良《のりよし》親王（のちの後村上天皇）
高師冬《こうのもろふゆ》・師泰《もろやす》	宗良《むねよし》親王
上杉憲顕《うえすぎのりあき》・憲藤《のりふじ》	北畠顕家《きたばたけあきいえ》・顕信《あきのぶ》
桃井直常《もものいただつね》	新田徳寿丸《にったとくじゅまる》（のちの新田義興《よしおき》）
今川範国《いまがわのりくに》	北条時行《ほうじょうときゆき》および北条氏残党
吉良満義《きらみつよし》	結城宗広《ゆうきむねひろ》
小笠原貞宗《おがさわらさだむね》	伊達行朝《だてゆきとも》
三浦高継《みうらたかつぐ》	南部師行《なんぶもろゆき》
……ほか	宇都宮公綱《うつのみやきんつな》
	……ほか

青野ヶ原の戦いでは、双方の兵数がどれぐらいだったか、まったくわかりません。前述のように、『太平記』には五〇万騎などと虚構としか思えない兵数しか書かれていません。『太平記』がどこまできちんとデータを取っているのか、誰が軍勢を見て数えたのか不明です。

北畠顕家が攻め落とした鎌倉は、足利尊氏

の拠点でした。ですから、顕家に追い払われた関東の武士たちは仕返しをしようと、上京する顕家の軍勢を追いかけたと『太平記』『難太平記』は叙述しています。

また、『太平記』には、関東から追ってきた足利勢が美濃国あたりで追いついて、北畠軍の後尾に襲いかかったと記されています。それも、くじを引いて一番くじを引いた者たちから順番に攻撃をしかけたというのです。インターネットのウィキペディアに記述された「青野ヶ原の戦い」を見ても、うしろから襲いかかったとありますが、どこまで信用できるのか疑問が残ります。

というのも、第一に北畠軍がものすごいスピードで行軍しているとすれば、追いついたこと自体に疑いが生じます。

第二に、軍勢を寡兵《かへい》に分けて攻撃すること、つまり少人数の逐次《ちくじ》投入は絶対にやってはいけない軍事の初歩です。多数の敵に対して兵力を分散して逐次攻撃をかけると、攻撃のたびに全滅させられる危険性が高いからです。その禁じ手をあえてやったと『太平記』は書いていますが、どこまで本当なのか首を傾《かし》げます。

関東から追いかけてきた武士たちは、土岐頼遠らの幕府軍に合流したと考えるのがよいと思いますが、もしかしたら軍事の初歩を逸脱するような愚《おろ》かな戦いをした可能性もなきにしもあらず、悩ましいところです。

「ばさら大名」の活躍

北畠軍と言っても、北畠顕家は生粋《きっすい》の貴族ですから軍事作戦などは学んでおらず、飾り物にすぎませんでした。実際に奥州軍を動かした侍大将《さむらいだいしょう》は、結城宗広《むねひろ》でした。結城宗広は、結城本家から分かれた白河《しらかわ》結城家の当主です。同家は陸奥国白河に本拠を持ち、下総《しもうさ》国結城の本家を凌《しの》ぐ勢いを示しました。

明治維新後、南朝が正統であるとして後醍醐天皇が神様として祀られ、南朝に尽くした楠木正成や新田義貞らも神様として崇《あが》められました。結城宗広も一貫して南朝方として戦ったので、明治時代に三重県津《つ》市に結城神社が建てられて、神様として祀られています。

結城宗広がどのような人物だったか、『太平記』が非常におもしろく描写しています。

「一日一回は必ず、生首を見ないと落ち着かない」と言い、僧侶と言わず俗人と言わず、男と言わず女と言わず、捕《とら》えてきては斬首して生首を飾る、荒々しい武将だったというのです。

武将が野盗のような殺人をするかについては疑問符がつきますが、この記述が本当だとすると、神様として祀るにはふさわしくない人物かもしれません。

室町幕府軍の軍事指揮権は、誰が持っていたかはわかりませんが、幕府が最初に美濃に派遣した高師冬と、その後、援軍に送った高師泰が土岐頼遠とともに幕府方の重要なポジションにいたことはまちがいありません。のちの行動を見ると、土岐頼遠の奮戦ぶりが高く評価されていますから、土岐頼遠がもっとも活躍したと推測されます。

高《こう》氏と、その軍勢もなかなか個性的です。

高氏とはもともと足利氏の執事《しつじ》をつとめる家で、鎌倉時代から足利家を補佐して所領の経営などを担当してきた文官であり、もとの名は高階《たかしな》でした。ところが、南北朝時代になると、高師直《もろなお》などは「ばさら大名」の代表のように言われます。「ばさら」とは既存の社会秩序や伝統的権威を無視し、傍若無人に振る舞うことを意味し、漢字では「婆娑羅」と書きます。この言葉は人の生き方や文化にも使われ、戦国時代になると「傾奇者《かぶきもの》」と呼ばれるようになるのです。

この高師直の率いた軍勢はとても強かった。足利尊氏も室町幕府も、南北朝の戦いの節目には、高師直の率いた軍勢を投入して勝利を収めています。たとえば、新田義貞らが越前国の金ヶ崎城《かねさき》（現・福井県敦賀市《つるが》）に立て籠もった時も、北陸地方で軍勢を集めて攻め上ろうとした時も、高氏が出ていき、打ち破りました。

北畠顕家も青野ヶ原の戦いのあと、奈良に移動した際に、待ち構えていた高師直の軍勢に敗北、堺で戦死を遂げています。

「悪党《あくとう》」こそ最強軍

問題は、高氏《こう》がどのようにして兵を調達したのかです。

高氏はもともと文官であり、固有の軍事力を持っていません。ですから、将軍の親衛隊のような兵を引き連れていったと思われますが、この親衛隊がもともと「悪党」だった連中ではないかというのが、私の見立てです。

鎌倉時代後半になると、畿内を中心に経済力が高まります。新しく生まれた新興の武士たちは商業活動に深く関わり、生活のゆとりが出てきました。しかし、鎌倉幕府が正式に認めた武士は「御家人《ごけにん》」であり、幕府は新興の武士を御家人として迎え入れることを拒否しました。このため、鎌倉時代の末期、御家人として認められない武士たちは悪党にならざるを得ませんでした。

こうした悪党に目をつけたのが後醍醐天皇で、彼らに対して「鎌倉幕府を倒せ」という命令を下します。その代表が河内国の土豪出身の楠木正成であり、同じく播磨《はりま》国の赤松氏でした。

後醍醐天皇が挙兵に失敗して隠岐島に流されたあと、その意思を継いだのが護良《もりよし》親王です。護良親王は作戦の指揮を執り、畿内で粘《ねば》り強くゲリラ戦を展開しました。その配下にいたのが楠木や赤松で、ほかにも畿内の悪党たちが護良親王を支えていました。

鎌倉幕府の滅亡後、護良親王は信貴山《しぎさん》城（現・奈良県生駒《いこま》郡）に立て籠もりましたが、自分の部下となった新しい武士団を手放そうとはしませんでした。そうした軍勢の力を背景に、護良親王は自らを将軍に任命するように後醍醐天皇に訴えましたが、後醍醐天皇は将軍を置かずに朝廷が政治をするという考えを変えず、土地の所有権を認める権限を護良親王に与えませんでした。

その結果、護良親王に仕えても意味がないということで、悪党たちは離反していきました。護良親王は配下を失い、失脚します。

ここまでの仮説について、多くの研究者が反対しないと思いますが、問題は、この悪党たちがどこへ行ったかです。悪党たちは高師直のもとにまとめられ、室町幕府の将軍の親衛隊になったのではないかというのが、私の考えです。

つまり、足利尊氏の親衛隊として戦ったのは、かつて護良親王の指揮下で戦った悪党の勢力ではなかったか。その軍勢が横滑《よこすべ》りして高氏の指揮下に入り、戦闘力の高い軍勢として南北朝の戦いにしばしば登場したのではないか。

『太平記』に記された高師直の言葉が、高氏と部下たちの関係をよく表わしています。部下が高師直に「私が自分の占領地を自分のものにしようとすると、それは寺社の土地であるとか、貴族の荘園であると言われて、なかなか自分の土地にすることができない」と言うと、高師直はこう言い放つのです。

「自分の欲しい土地は自分で押さえてしまえ。寺や貴族が文句を言ってきてもかまうものか。いざとなったら、俺が適当なことを言ってやるから、おまえたちはそんなことは気にせず、どんどん自分の土地にしてしまえ」

室町幕府は、北畠顕家が入京したら大変なことになると危機感を強め、虎の子の軍勢を青野ヶ原に差し向けました。その軍勢と美濃の武士たちを束ねていた土岐頼遠が手を握って、北畠を迎え撃ったのです。

土岐頼遠《ときよりとお》の武功と狼藉《ろうぜき》

次に知りたいのが、土岐頼遠がどういう人物なのかです。

土岐頼遠は美濃源氏です。地図帳を開いて岐阜県周辺を見てください。私たちの感覚では、この一帯で一番栄えているところは濃尾《のうび》平野、つまり愛知県に近い岐阜県という印象がありますが、鎌倉時代から南北朝時代には、土岐や多治見《たじみ》など、丘陵地帯が栄えていました。信濃国の山岳地帯に通じる、狭隘で山地に近いところが栄えていたわけです。

この地にはもともと、山城《やまじろ》の岩村《いわむら》城（現・岐阜県恵那《えな》市）を拠点にしていた遠山《とおやま》氏という大きな武士団がありましたが、土岐氏が濃尾平野に進出後、土岐氏配下となります。

土岐氏が山間《やまあい》に拠点を置いていたという事実は、地政学的に見ると非常におもしろい。

というのも、関東地方のケースと似ているからです。武蔵国《むさし》、現在の東京周辺を見ると、生産量の多い関東平野から開けていったと考えがちですが、実際には違います。関東平野に隣接する丘陵地帯から開けていきました。

その理由はおそらく、水が出るために耕作に適さなかったからです。鎌倉時代ぐらいまでは、まだ耕作技術のレベルが低く、水が出るような土地には耕作が広がらなかった。ですから、武蔵国の国衙は現在の二十三区内ではなく、府中《ふちゅう》市にあります。同様に、聖武天皇の命による国分寺《こくぶんじ》も、現在の国分寺市に造られました。また、武蔵国で随一の武士団というと、平氏の一門である秩父党《ちちぶとう》です。これは名前の通り、丘陵地帯・秩父地方（現・埼玉県秩父市および秩父郡）を支配していました。

このように、山間部にエリート武士団が本拠を持っていたのです。農作物が水による被害を受けにくいだけでなく、敵から攻められた時に守りやすいという地政学的条件が考慮されたのかもしれません。

前述のように、頼遠の父親は土岐頼貞で、足利尊氏から美濃の守護に任命されていました。室町時代の守護は、軍事・警察権を主とした鎌倉時代に比べ、その権限は大幅に拡大。徴税権や土地の支配権なども認められていました。その守護（守護大名）が地域武士団の家臣化を進め、国を支配するに至ったのが、のちの戦国大名です。

頼遠は武将としては有能で、青野ヶ原の戦いで北畠の軍勢を畿内に入れなかったことも幕府から高く評価されています。その功績を鼻にかけたのか、事件を引き起こします。

そのひとつが、康永《こうえい》元・興国《こうこく》三（一三四二）年九月に光厳《こうごん》上皇一行と洛中《らくちゅう》で出くわした時の乱暴狼藉《らんぼうろうぜき》です。武士であれば、馬から下りて上皇の一行が通り過ぎるのを待たなくてはなりませんが、頼遠はそうしませんでした。

『太平記』によれば、上皇の従者が「院のお通りである。下馬せよ」と命じたところ、土岐頼遠は「『いん』だと？『いぬ』のことか。犬ならば射《い》てくれよう」と言って、上皇の牛車《ぎっしゃ》に矢を射かけました。牛車は転倒、光厳上皇は危うく死ぬところでした。

頼遠が酒を飲んでいたから、ばさら大名だったから、との見方もできますが、青野ヶ原の戦いで大功績を上げ、自分が天下を動かした、あるいは足利氏に天下を取らせた、との思い上がりが生じた結果だと私は見ています。

足利尊氏の弟で、政治を任されていた足利直義《ただよし》は「これは放置できない」と土岐頼遠を捕まえようとしましたが、仲間の武士たちが庇《かば》い立てをして匿《かくま》ったため、なかなか捕まえることができませんでした。事件から三カ月後にようやく捕縛、頼遠は光厳上皇に対する不敬の罪により、京都の六条河原《ろくじょうがわら》で斬首されました。

頼遠がこのような大罪を犯《おか》したにもかかわらず、土岐氏は潰《つぶ》されずに残り、美濃国の守護は頼遠の甥《おい》・頼康《よりやす》に引き継がれました。頼遠の武功はそれだけ認められていたのでしょう。その後、戦国時代に入ると、十六代当主・頼芸《よりのり》は斎藤道三《さいとうどうさん》に美濃を追われますが、その子孫は旗本として徳川家に仕え、江戸幕府の儀式や典礼を司《つかさど》る高家《こうけ》になっています。

顕家は勝ったのか

一般的に、青野ヶ原の戦いは、北畠軍が室町幕府軍に勝ったということになっていますが、私は逆の見立てをしています。というのも、北畠顕家が何のために戦ったかを思い出してください。京都を奪還することが北畠顕家の戦争目的ですから、京都に進軍できなかった以上、負けたと言わざるを得ないでしょう。

『太平記』『難太平記』よりも記述が正確とされている『保暦間記《ほうりやくかんき》』には、「京都より官軍を指し下す。打ち破り難《がた》くて顕家卿《きょう》、伊勢国へ廻りて」と書かれています。つまり、北朝の官軍＝室町幕府軍が京都から美濃へ進撃したところ、北畠顕家はこの軍勢を打ち破ることができず、伊勢に転進したのです。

もし青野ヶ原の戦いに勝っていれば、軍勢を近江国の米原《まいばら》（現・滋賀県米原市）に進め、琵琶湖の南を通って一気に京都を突くことができたわけですが、実際にはできなかった。要するに、北畠軍は青野ヶ原に引かれた防衛ラインを突破できなかったのです。そうであれば、北畠顕家が負けたと考えるしかない。

顕家は伊勢から伊賀へと回り、大和に出ます。おそらく、吉野の後醍醐天皇のところに行こうとしたのでしょう。しかし、高師直の軍勢が奈良で待ち構えていて合戦になり、手ひどい敗北を喫しました。奥州軍はほぼ壊滅です。顕家は吉野へ行くこともできず、堺に回りましたが、ここでの合戦でも敗北。その最後は自害ですが、実際は戦死です。

それまでの戦いの常識では、貴族が戦死することはありえないことでした。しかし、南北朝時代には貴族が軍事行動に参加したので、参加した以上は戦いに負けて殺されても文句が言えなくなりました。その代表例が顕家ですが、南朝の大納言・四条隆資《しじょうたかすけ》も戦死しています。

さて、北畠親房は息子・顕家の戦死を受けて、どうしたか。

親房は、畿内の武士たちは幕府方に組み込まれてしまっており、兵を募《つの》ることには限界があると考えた。おそらく、畿内の悪党たちは完全に高師直の支配下に組織されていたでしょう。

このため、親房は関東で一旗揚げようと、伊勢国の大湊《おおみなと》（現・三重県伊勢市）から船で関東を目指します。まだ陸奥国の霊山が健在でしたから、おそらく霊山に戻ろうとしたのだと思います。ところが、その船が難破したため、常陸《ひたち》国に上陸し、筑波山《つくばさん》に近い関城《せき》（現・茨城県筑西《ちくせい》市）や大宝《たいほう》城（現・同県下妻《しもつま》市）に乗り込んで拠点とします。

ここで武士たちを組織して南朝の勢力を拡大したいと考え、親房は白河結城氏などに手紙を書いて決起を促したのですが、この時期に書き記したのが『神皇正統記』です。戦いの最中に、きちんとした参考文献もそろっていない状態で書き上げたわけですから、親房がいかに博識な賢人だったかがわかります。

ところが、後醍醐天皇が病に倒れ、暦応二・延元四（一三三九）年に崩御してしまいます。その後、親房らを征伐するために高師冬の率いる軍勢が常陸国に進軍、関城・大宝城が陥落します。親房はこれを機に常陸国での決起をあきらめ、吉野に舞い戻っています。後醍醐天皇のあとを継いで南朝の天皇に即位したのが皇太子・義良親王で、後村上天皇になりました。義良親王は北畠父子が陸奥国に下る時に奉じた人ですから、吉野に戻った親房とのコンビが復活したわけです。

その結果、親房が南朝軍の指揮権を握り、室町幕府との戦いを続けることになりました。一度は軍勢を率いて京都に突入し、十数年ぶりに京都を奪回しましたが、態勢を立て直した第二代将軍・足利義詮《よしあきら》に敗北して、吉野に戻りました。

親房は、最後は病気で亡くなりましたが、六〇歳すぎまで指導者的な存在として戦い続けました。それは彼の卓越した能力によるところが大きかったでしょうが、息子顕家の奮戦・討ち死にの功績——これにより南朝の天皇家や武将から一目置かれた——も大きかったのではないか。そうであれば、顕家が命を張って戦ったことは大きな意味があったと思います。

いっぽう、青野ヶ原で奥州勢と戦った高師泰は、兄（弟ともされる）・高師直と二人三脚で戦いました。いわゆる観応《かんのう》の擾乱《じょうらん》のうち、尊氏軍と直義軍が摂津国の打出浜《うちで》（現・兵庫県芦屋《あしや》市）で激突する観応二・正平《しょうへい》六（一三五一）年二月十七日の打出浜の戦いで、尊氏軍が敗北。高師直・師泰らは捕虜となり、京都に連行される途中、待ち受けていた上杉能憲《よしのり》（養父を高《こう》氏に殺害された）らによって摂津国武庫川《むこがわ》（現・兵庫県伊丹《いたみ》市）で殺されています。

同時期、青野ヶ原の戦いに加わった高師冬も、関東での戦いで直義方の軍勢に殺されました。

そして武士の世が到来した

青野ヶ原の戦いがもたらした歴史的な意義とは何でしょうか。

一言で言えば、南朝の軍勢が壊滅し、南北朝の戦いにけりがついたことです。つまり、南朝と北朝のふたつに割れていた天皇家ですが、青野ヶ原の戦いの勝利により、明らかに北朝が勝利したのです。それによって将軍権力が確立、武士の世が到来しました。その後も、南朝は軍事的な動きをしますが、組織的な戦闘を行なう力はすでになく、散発的な戦いにすぎません。

では、青野ヶ原の戦いは、当時の人々の意識にどのような影響を与えたのか。

おそらく、多くの人々が「もう南朝に味方をしても将来はない」「南朝に味方をするのはやめよう」と思ったでしょう。こののち、吉野の朝廷は人々の意識から次第に忘れ去られていったのです。これは後年、関ヶ原の戦いが終わった時、多くの人々は「もうこれ以上大きな戦いはないだろう」「徳川に歯向かうのはやめよう」と思ったのと同様です。歴史の潮目《しおめ》が変わったのです。

前述のように、『保暦間記』では尊氏方を官軍としており、その他の史料を見ても、北朝の天皇が正統であることを疑っていません。つまり、持明院統だけが正しい天皇ということになります。

徳川光圀《みつくに》以来の水戸学《みとがく》（朱子学《しゅしがく》の大義名分論にもとづく尊王論を展開）は南朝を持て囃《はや》し、明治時代に強引に南朝が正統であるとしたわけですが、それまでは歴代天皇が神武天皇から何代かを見る時には必ず、北朝の天皇で数えていました。南朝の天皇は、完全に歴史のなかに埋もれていたのです。

しかし、弱体化したとはいえ、吉野の南朝が六〇年間にもわたって命脈を保ったのはなぜだったのか。

その理由として、室町幕府の内部で仲間割れが起きていたことが挙げられます。室町幕府の政治の最高責任者だったのが、足利直義です。直義は朝廷や寺社と仲良くしようとした人で、ばさら大名とは対極にある思想を持ち、振る舞いをしていました。ですから、土岐頼遠が上皇に不敬な行ないをした時、捕まえて斬首したのです。

この直義のやり方に不満を募らせていたのが、ばさら大名のひとりである高師直でした。やがて、直義のグループと高師直のグループは激しく対立するようになりました。そこに、初代将軍・足利尊氏も対立に巻き込まれ、師直の味方をしました。こうして軍事を握る尊氏と政治の責任者であった直義の兄弟が、日本全国をふたつに分けて争うことになったのです。

このように、室町幕府が内部で激しい対立を続けていたので、吉野の南朝勢力は、言ってみれば、お目こぼしに与《あずか》る格好で存続することになりました。

また、尊氏も直義も大義名分が欲しいので、いっぽうが北朝を担ぐと、もういっぽうが南朝に降伏して南朝を担ぐという妙な事態が起きました。そこに南朝の〝使い道〟があったわけで、これも南朝が存続する理由になりました。

五〇〇年後に花開いた『神皇正統記《じんのうしょうとうき》』

北畠家は親房の没後も伊勢で存続し、戦国大名になります。しかし、親房から八代後の当主・具教《とものり》は織田信長と対立、信長の次男・信雄《のぶかつ》を養子に迎え、家督を譲らされます。具教は塚原卜伝《つかはらぼくでん》に師事、「一の太刀《ひとつのたち》」を伝授されるほどの剣の達人でしたが、信長・信雄が放った刺客に襲われ、大立ち回りをした挙げ句に殺されました。

大名でありながら自ら剣を振るい、暗殺される様《さま》は、松永久秀《まつながひさひで》の長男・久通《ひさみち》と三好《みよし》三人衆らに襲われた室町幕府の第十三代将軍・足利義輝《よしてる》の最期とも重なります。

北畠家は滅びてしまいますが、幕末に久我家の分家として再興されます。当主・通城《みちしろ》は顕家・親房らを祀る霊山神社の宮司《ぐうじ》となり、明治維新後には華族として男爵の爵位を与えられました。

いっぽう、北畠家が拠点を置いた陸奥国の浪岡《なみおか》(現・青森県青森市)に、顕家の一族を名乗る浪岡氏が存在しました。周辺では「浪岡御所《なみおかごしよ》」と呼ばれ、尊敬を集めていたようです。ただし、一次史料がなく詳細はわかりません。

私は二〇一七年五月、青森県八戸《はちのへ》市の櫛引《くしびき》八幡宮に行き、国宝の「赤糸威鎧《あかいとおどしよろい》」を見てきましたが、その美しさにため息が出ました。これは鎌倉期の装飾甲冑《かつちゆう》として、春日《かすが》大社所有の甲冑とともに双璧と言われるほど価値の高いもので、南朝の長慶《ちようけい》天皇から授かったという伝説があります。つまり、本州の北端に北畠家や南朝に与《くみ》する勢力があったということです。

北畠親房が『神皇正統記』を書いたことは、後世の歴史に大きな影響を与えました。はるか後年、明治政府は、南朝の正統性を主張しなければならなくなりました。それは、明治の元勲たちが尊王攘夷を掲げて、江戸幕府を倒したからです。尊王攘夷論のルーツは水戸学であり、水戸学によれば南朝が正統なわけですから、何が何でも南朝を正統にするしかありません。しかし、明治天皇は北朝の流れを汲《く》む天皇です。

ということは、北朝は偽物と言いながらも、明治天皇は偽物ではない、という難問を解かなければならない。

その答えを出してくれたのが、北畠親房の『神皇正統記』です。「三種の神器を持つ天皇が正式な天皇である」という『神皇正統記』の記述によって、難問を解いたのです。正統な三種の神器は、後醍醐天皇が吉野に持ち出したものである。それは南朝の後醍醐天皇、後村上天皇、長慶天皇と受け継がれ、後亀山《ごかめやま》天皇が明徳《めいとく》三（一三九二）年に京都で持明院統の後小松《ごこまつ》天皇に手渡されたというわけです。

後小松天皇は三種の神器を身につけて天皇に即位したので、後小松天皇の子孫である明治天皇の正統性には何らの疑いもないという論理です。

三種の神器は複数存在した⁉

ここから先は、私の仮説です。『太平記』などを読むと、どう考えても三種の神器は複数あるのです。

ひとつめは、後醍醐天皇が恒良《つねよし》親王に持たせた三種の神器です。楠木正成が戦死して足利尊氏が入京すると、後醍醐天皇が約半年間、比叡山に逃げたことがあります。しかし、比叡山での暮らしが嫌になった後醍醐天皇は「京都に戻る」と言い出し、皇太子・恒良親王に三種の神器を持たせて「おまえが新しい天皇だぞ」と言って位を譲ります。

そして、新田義貞に「新しい天皇を守《も》り立てよ」と命じて、北陸に下すわけです。この命を受けて、新田義貞は恒良親王を奉じて金ヶ崎城に籠城《ろうじょう》します。ですから、恒良親王は自分こそ天皇であると思っていたようです。その証拠に、新田義貞は天皇しか出すことができない文書・綸旨《りんじ》を用いて、周辺の武士に味方になるよう呼びかけていました。

後醍醐天皇は恒良親王を北陸に下したあと、比叡山を下りて京都に入りました。そして、足利尊氏に降伏して自分が持っていた三種の神器を北朝の光明《こうみょう》天皇に渡しました。ここで、ふたつめが姿を現わします。

ところが、ほどなくして、後醍醐天皇は「やっぱり嫌だ」と言って吉野に逃げ出しました。そして、「朕の持っている三種の神器こそ、本物である」と言って、自らが天皇であることを宣言したのです。これが、三つめです。

ということは、三種の神器は少なくとも三セットあることになります。

北畠親房は『神皇正統記』において「三種の神器を持つ天皇が正式な天皇である」と主張しましたが、歴史を見る限り「正式な天皇が持っている三種の神器こそ、本物の三種の神器である」という言い方が正しいでしょう。そうでなければ、おかしなことになるからです。

たとえば、草薙剣は元暦《げんりやく》二（一一八五）年の壇《だん》ノ浦《うら》の戦い（現・山口県下関《しものせき》市）で海に沈みましたが、今上《きんじょう》天皇は草薙剣に代わる剣を持っています。また、熱田《あつた》神宮には、神《じん》宝《ぽう》として草薙剣があります。どれが本物なのかとなった時、天皇陛下が持っている剣が偽物というわけにはいきません。

八咫鏡も伊勢《いせ》神宮にもあり、天皇陛下が持っている鏡とどちらが本物なのかということになります。ですから、北畠親房の「三種の神器を持つ天皇が正式な天皇である」という論理は、実はあとづけなのです。

第三章

関ヶ原の戦い

(1)その構造

将軍権力の二元論

関ヶ原の戦いとは何だったのか。その本質を考察するうえで押さえておきたいことがふたつあります。

そのひとつが、「将軍権力の二元論」です。これは、前述の佐藤教授が東大文学部教授時代に唱えたもので、日本中世史を学んでいる人間で、この学説を知らない者はモグリというぐらい有名な学説です。

東大文学部で戦前、日本中世史を担当していたのが平泉澄《ひらいずみきよし》教授で、皇国史観の理論的な支柱でした。一般的には、敗戦とともにパージされたものと見られていますが、実際には教授職を辞任、郷里に帰っています。こうして、権威が地に堕《お》ちた東大日本中世史の研究室を建て直した偉大な研究者が、佐藤教授です。

将軍権力の二元論とは、将軍権力はふたつの権力――主従制的支配権と統治権的支配権――から成り立ち、ふたつが車の両輪のように機能して、権力を形成しているということです。

統治権的支配権は政治権力を指します。江戸幕府の将軍をイメージしてもらえばわかるように、将軍は政治を行なう人間であり、行政の最終責任者です。

たとえば、第八代将軍・徳川吉宗《よしむね》は、「米《こめ》将軍」と呼ばれました。米の作高と価格は、人々の生活に非常に大きな影響をおよぼします。不作なら飢饉《ききん》となり人々が苦しみ、大豊作になると米価が下がります。ですから、吉宗はいつも米を気にかけていました。

私たちは、将軍が米のことを心配していると聞いても、不思議には思いません。それは、将軍が日本の支配者として政治を行なうのはあたりまえと思っているからです。この権力が、統治権的支配権です。

いっぽう、鎌倉時代初期の将軍たち、たとえば源頼朝にしてみれば、将軍とは武士の統括者（武家の棟梁《とうりょう》）であって、政治を行なう者ではありませんでした。つまり、将軍の本来の役割はその名の通り、軍事部門の責任者です。将軍が日本中の侍を統括するということは、将軍と侍の間に主従関係がある、つまり日本中の侍を束ねる主人が将軍だと言えます。これが、主従制的支配権です。

具体的に言えば、将軍は武士たちに「奉公《ほうこう》」を求めます。奉公にはいろいろありますが、代表的なものは「戦場に出てきて俺のために戦え」、もっと言えば「命を投げ出して戦え」という要求です。

鎌倉・室町期の武士道では、将軍に対して忠節を尽くすとは、将軍の馬前で討ち死にすることでした。敵の首を獲《と》る、城を落とすといった功績よりも、将軍のために自分の身を捧《ささ》げ、命を捨てるのが端的な奉公だったのです。

この奉公は一方的なものではなく、奉公をしてもらった将軍は、その武士に対して「御《ご》恩《おん》」を与えます。御恩とは土地を与えること、それがその武士のものであることを保証することです。これが御恩と奉公で、小学校の社会科でも触れられる基本的な知識です。

主従制的支配権とは、武士たちに土地を与え、保証する御恩の代わりに、命を差し出して奉公せよと命じる主従制を、すべての武士との間に結ぶことで将軍が持つ支配権なのです。

源頼朝の時代には、武士が政治をするなど考えられないことでした。なぜなら、当時の武士たちは荒くれ者であり、ろくに字も書けなかったからです。そんな者たちに政治ができるわけがありません。

つまり、主従制的支配権は統治権的支配権に先行した機能であり、武士とはまさに軍事に従事する存在だったのです。武士の政治とは、軍人による政治です。それは、主従制的支配権に統治権的支配権が追いついていく過程であり、武士たちが成熟して政治を学んでいく過程であったとも言えます。

室町時代に入ると、初代将軍・足利尊氏は弟・直義を副将軍として「俺が軍事をするから、政治はおまえがやれ」と、政治を直義に任せました。この事例を実証的な根拠として、佐藤教授は、主従制的支配権と統治権的支配権が結合して将軍権力が形成されたという学説を打ち立てたのです。

尊氏・直義の兄弟間で分担された軍事と政治は、第二代将軍・義詮、第三代・義満と時代が下るなかでひとつになり、ひとりの将軍のもとに統一されて、まさに車の両輪として機能するようになりました。

こののち、関ヶ原の戦いを論じる最大の山場で、この学説が出てきますから、ぜひ頭の片隅に入れておいてください。

都《みやこ》と鄙《ひな》

関ヶ原の戦いの本質を考えるうえで押さえておきたい、もうひとつが「都《みやこ》と鄙《ひな》」です。誤解を恐れずに言えば、当時の日本には、各地域を都（都会）か鄙（田舎）かに分けて評価する価値観がありました。

現在でも、「東京の銀座で一〇〇坪あげよう」と言われるのと、「北海道の十勝《とかち》平野で一〇〇坪あげよう」と言われるのとではまったく違います。どちらが欲しいかと言われたら、ほとんどの人が銀座を選ぶでしょう。同じ一〇〇坪でも、日本でもっとも地価が高いとされる銀座と北海道の原野では価値がまったく違うわけです。

このように、地域や土地を評価する人間の意識は非常に重要なポイントですが、これまで歴史学はあまりに考えなさすぎたと私は思います。

室町時代、三宝院満済《さんぼういんまんさい》という僧侶がいました。第三代将軍・義満、第四代・義持《よしもち》、第六代・義教《よしのり》（第五代・義量《よしかず》は早世）に仕えて「黒衣の宰相」と呼ばれ、太皇太后《たいこうたいごう》・皇太后・皇后に準じる称号の「准后《じゆごう》」を得ました。中世研究者の必読書となっている、彼の日記『満済准后日記《まんさいじゆごうにっき》』からは、日本列島が都と鄙に分かれていたことがよくわかります。

都とは、基本的に京都を指しますが、同時に先進地域という意味でも使われ、現在の中部地方、近畿地方、中国地方および四国地方が含まれます。

これに対して鄙とは、都から離れた田舎のことです。後進地域であり、現在の東北地方、関東地方、それに九州地方が含まれます。これは、日本がひとつでなかったという本書の冒頭で述べた仮説にもつながります。

室町幕府の統治は、明らかにこのふたつを分けていました。

都は、京都にいる将軍が支配していました。いっぽう、鄙のうち関東地方（一〇ヵ国）は、将軍から諸権限を移管された「鎌倉公方《くぼう》」が政治を行なっていました。東北地方は将軍の直轄地でしたが、明徳三（一三九二）年からは鎌倉公方の所管となります。ですから、建前上《たてまえ》は鎌倉公方が関東と東北を治めていたことになります。

都と鄙で何が違うかというと、鄙では地域の有力な武士が守護、つまり国のリーダーに任命されました。たとえば、甲斐は武田氏、下総は千葉《ちば》氏がそれぞれ守護の任にあたっていました。九州も同様に、各地域で勢力を振るっていた豊後《ぶんご》の大友《おおとも》氏、薩摩の島津《しまづ》氏などが守護をしていました。

また、鄙の守護たちは京都（中央政治）とまったく無関係でした。江戸時代の参勤交代のような形で、京都の幕府に出仕する必要はありませんでした。関東の守護たちは鎌倉公方のところには行きましたが、京都には行かなかったのです。

戦国大名の誕生

都にも国ごとに守護が配置されましたが、彼らは基本的に足利将軍家の一族でした。細川氏、斯波氏、畠山氏などがそうです。美濃の土岐氏や播磨の赤松氏のように、一族ではない者もいましたが、基本的には足利一門が守護になりました。

彼らは京都に常駐し、幕府の政治に参加していました。明らかに鄙の守護とは役割が違うのです。こうした都の守護大名たちが戦ったのが応仁の乱であり、鄙の守護たちにはほとんど関係がありませんでした。

応仁の乱後、幕府は頼りにならないということで、守護大名たちは都から任地に戻り、国づくりに努めます。その結果、守護大名は戦国大名へと進化していきます。それまで任地に帰らなかった守護大名たちは、自分の国の政治を疎《おろそ》かにしたわけですから、戦国大名になり損《そこ》ねる者が続出しました。また、都とは無縁だった鄙の守護大名たちは、そのまま力をつけて戦国大名になっていきました。その代表例が甲斐の武田氏です。

駿河《するが》の今川氏だけは特別扱いで、都である中部地方の守護大名でしたが、関東を監視するという任務があるため、京都に常駐する義務を免除されていました。ですから、今川氏はそのまま戦国大名になれたのです。

この時代の人々の地方に対する価値観を念頭に置かないと、関ヶ原の戦いもわかりません。逆に言えば、この価値観を理解すれば、見えてくることがたくさんあります。

たとえば豊臣秀吉の時代、伊勢松ヶ島《まつしま》（現・三重県松阪《まつさか》市）一二万石の大名だった蒲生《がもう》氏郷《うじさと》は、会津四二万石（現・福島県）の大名に抜擢されましたが、本人は喜んでいません。家臣に「殿は嬉しくないのですか」と問われた氏郷は、「こんな田舎では、天下争奪の時に何の働きもできないではないか」と言って嘆《なげ》いたそうです。

あるいは、織田信長の家臣・滝川一益《たきがわかずます》は伊勢長島《ながしま》（現・三重県桑名市）から、武田氏滅亡後に上野《こうずけ》（現・群馬県）五〇万石の大名になりましたが、やはり本人は喜んでいません。残っている滝川一益の手紙には、「茶の湯の冥利《みようり》ももはやつき果てた」と書かれていました。つまり、こんな田舎ではお茶を楽しむこともできないというわけです。都の守護たちにとって関東や東北は「田舎」だったのです。

天正十八（一五九〇）年、小田原城《おだわら》（現・神奈川県小田原市）で北条氏《ほうじょう》を降《くだ》したあと、秀吉は家康に二五六万石の大封《たいほう》を与えます（それまでは約一五〇万石）。豊臣政権の石高が二二〇万石ですから、石高だけで言えば徳川家のほうが多くなります。秀吉がもっとも潰したかった大名は家康だったと思いますが、なぜ秀吉は盗人《ぬすびと》に追《お》い銭《せん》のようなことをしたのか。

それは秀吉が、重要なのは米ではなく、経済だと考えていたからでしょう。秀吉は日本全国の金山・銀山を掌握、さらには南蛮《なんばん》貿易で多くの利益も得ていました。でも、それだけではない。当時の秀吉が家康を潰しこそすれ、優遇するわけがないという前提で考えれば、家康を田舎の関東に置くこと自体が、二五六万石を与えても惜《お》しくないほどの左遷であったということになります。

卑近な例で言うと、私の友人の新聞記者が本社から北陸地域の支局のデスクに異動になりました。平《ひら》記者から管理職のデスクになったわけですから昇格ですが、東京から地方へ飛ばされたという意味では左遷になります。少なくとも当人は、そう認識していました。織田信雄は秀吉の命を拒否して伊勢・尾張の領地にこだわり、領地を没収されましたが、これも、都の領地と鄙の領地の価値の違いを浮き彫りにした一例と言えるでしょう。

両軍で異なる戦争目的

いよいよ関ヶ原の戦いとは何だったのか、という本論に入りましょう。

まず、関ヶ原の戦いを、慶長五（一六〇〇）年九月十五日に不破の地（現・岐阜県不破郡関ケ原）で行なわれた狭義の関ヶ原の戦いと、広義の「関ヶ原の戦い」に分けます（以下、広義の「関ヶ原の戦い」にはカギカッコをつけます）。

「関ヶ原の戦い」とは、日本列島各地で行なわれた戦いを指します。九月七日から十五日に京極高次《たかつぐ》ら（東軍）と立花宗茂《たちばなむねしげ》・小早川秀包《こばやかわひでかね》ら（西軍）が戦った大津《おおつ》城の戦い（現・滋賀県大津市）、九月八日から十月四日に最上義光《もがみよしあき》ら（東軍）と上杉景勝（西軍）が戦った出羽合戦（現・山形県山形市周辺）、九月十三日に黒田官兵衛《くろだかんべえ》（東軍）が大友義統《よしむね》（西軍）と戦った石垣原《いしがきばる》の戦い（現・大分県別府《べっぷ》市）などを含むのです。

それでは、関ヶ原の戦いについて触れていきますが、序章で述べたように戦争を分析する場合、誰と誰が戦ったのか、戦いをしかけたのは誰か、守ろうとする側は誰か、勝利の条件はどういうものかといった基本的な点を明らかにすることが大原則です。

関ヶ原の戦いでは、誰と誰が戦ったのか。東軍と西軍に分かれましたが（図表8）、東軍の総大将は徳川家康で異論はないでしょう。では、西軍の総大将は誰か。

結論から言えば、豊臣秀頼《ひでより》であるというのが私の考えです。ひと昔前であれば、西軍の総大将は石田三成とされていましたが、最近は大坂城に入った毛利輝元《もうりてるもと》になっています。かつて、私もそう説いていました。しかし今、どちらも違うと思います。石田でも、毛利でもない。

戦いをしかけたのは東軍の総大将・徳川家康であり、攻める側の勝利条件は秀頼の首を獲ること。しかし、慶長五（一六〇〇）年の時点では、家康が秀頼の首を獲るという目的を掲げるのは時期尚早《じきしょうそう》でした。なぜなら、東軍に味方していた加藤清正《かとうきよまさ》、福島正則《ふくしままさのり》ら秀吉子飼いの猛将たちが、反旗を翻す危険があったからです。

ですから、秀頼をいつでも殺すことができる状況にすること、つまり大坂城を支配下に置くことが家康の戦争目的と考えてよいと思います。すなわち、家康が狙ったのは石田三成でも毛利輝元でもなく、あくまで豊臣秀頼なのです。

ここで例としたいのが、本能寺の変で討たれた織田信長の後継者を誰にするかを清洲城で話し合った、天正《てんしょう》十（一五八二）年の清洲会議です。

この会議で、羽柴《はしば》秀吉は信長恩顧《おんこ》の武将たちを前に、信長の嫡孫《ちゃくそん》・三法師《さんぼうし》（のちの織田秀信《ひでのぶ》）を抱き上げました。そして、自分が三法師の後見人であり、彼が自分の手中にあることを示したのです。それは言ってみれば、秀吉が天下人であることを認め

図表8　関ヶ原の戦い・両軍の陣容

西軍……約8万2000人		東軍……約7万5000人	
豊臣秀頼《とよとみひでより》（大坂城）		徳川家康《とくがわいえやす》	■
毛利輝元《もうりてるもと》（同）	■	福島正則《ふくしままさのり》	
石田三成《いしだみつなり》	▲	黒田長政《くろだながまさ》	
宇喜多秀家《うきたひでいえ》	■	細川忠興《ほそかわただおき》	
長束正家《なつかまさいえ》	▲	藤堂高虎《とうどうたかとら》	
大谷吉継《おおたによしつぐ》		加藤嘉明《かとうよしあき》	
小西行長《こにしゆきなが》		田中吉政《たなかよしまさ》	
島津義弘《しまづよしひろ》		織田長益《おだながます》	
吉川広家《きつかわひろいえ》		山内一豊《やまうちかつとよ》	
毛利秀元《もうりひでもと》		池田輝政《いけだてるまさ》	
安国寺恵瓊《あんこくじえけい》		浅野幸長《あさのよしなが》	
長宗我部盛親《ちようそかべもりちか》		京極高知《きようごくたかとも》	
小早川秀秋《こばやかわひであき》		……ほか	
……ほか			

※■＝五大老、▲＝五奉行

させた瞬間でもありました。その後、不服を唱えた柴田勝家《しばたかついえ》らは、秀吉の手で次々に滅ぼされます。

家康も、自分が新しい天下人であることを武将たちに認めさせるには、秀吉が行なったように玉《ぎょく》(王)を押さえる、つまり秀頼が自分の手中にあることを示す必要があった。ですから、秀頼の首を獲らなくとも、秀頼のいる大坂城さえ押さえることができれば十分なのです。

いっぽう、西軍の勝利条件は東軍を討伐する、つまり家康の首を獲ることです。これが主要条件ですが、それが達成できなくとも、家康を大坂城に入れず、畿内から追い出すことができれば勝利と言えるでしょう。

石田三成《いしだみつなり》の戦略

関ヶ原の戦いで指揮を執った石田三成は、天正十二(一五八四)年の小牧《こまき》・長久手《ながくて》の戦いを念頭に置いて戦ったと推測できます。

三成の師であり、主人でもあった秀吉は、小牧・長久手の戦いで家康と戦いましたが、家康を討伐することができませんでした。その後、朝廷を動かしたり人質を送ったりするなど、さまざまな知略で政治的に家康を追い詰め、最終的に家康を臣従させることに成功しました。ですから、三成としては秀吉の採った方法でもよかった。必ずしも、家康の首を獲るところまで戦い抜く必要はなかったのです。

家康は秀頼を手中に収めることが目的なので、大坂に行かなければならない。三成としては「田舎者は畿内に入るな」と家康を弾《はじ》き返し、大坂を守ればいい。そうであるならば、三成にとって家康と戦う場所は、必ずしも関ヶ原である必要はなかったのです。

三成は、真田昌幸《さなだまさゆき》あての手紙で「尾張と三河の国境線に出て行き、東軍と戦う」という構想を披露しています。これは、前述の長久手あるいは桶狭間あたりでしょうか。

また、同じ手紙で「福島正則が味方についている」とも記しています。福島正則にそのような動きがあったのか、それとも真田昌幸を味方につけるための嘘だったのか、よくわかりません。しかし、実際には福島正則は東軍につき、居城である清洲城が東軍最前線になりました。

しかも、岐阜城にいた西軍の織田秀信はほとんど戦う気力がなく、東軍に攻められ、わずか一日で落城しました。その結果、尾張と三河の国境線を想定した防衛構想は破綻してしまいます。

そうなると、西軍としてはどこで防ぐかが問題になります。三成は、敵を迎え撃つ拠点を大垣《おおがき》城（現・岐阜県大垣市）に置き、大垣城を支援する拠点として南宮山《なんぐうさん》、後詰《ごづ》め（先《せん》陣《じん》のうしろに控える予備軍）の毛利輝元が陣取る場所として松尾山を考えました。この三成の防衛構想は三段構えで、大垣城、南宮山、松尾山の三拠点が連携して東軍を跳《は》ね返すというものでした（図表9）。

こうして、どこで防御するのが一番効果的かを考えた末、決戦の地が関ヶ原になったのです。

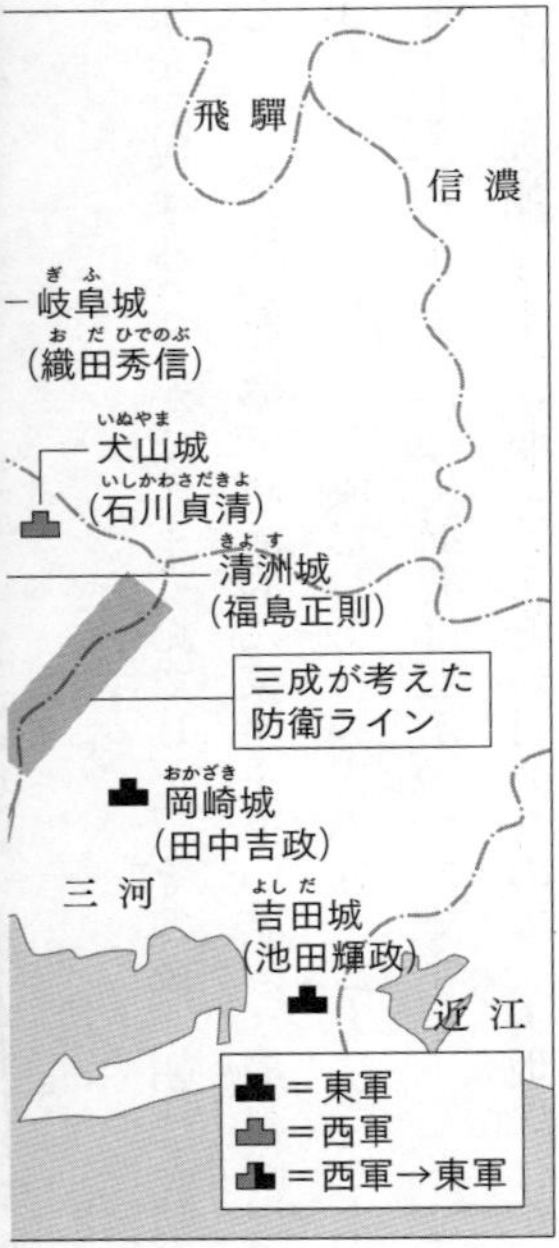

いっぽう、東軍は大垣城に近い赤坂《あかさか》（現・岐阜県大垣市赤坂町）に陣を構えており、そこに家康が入ってきます。図表9を見るとよ

図表9　石田三成の防衛構想

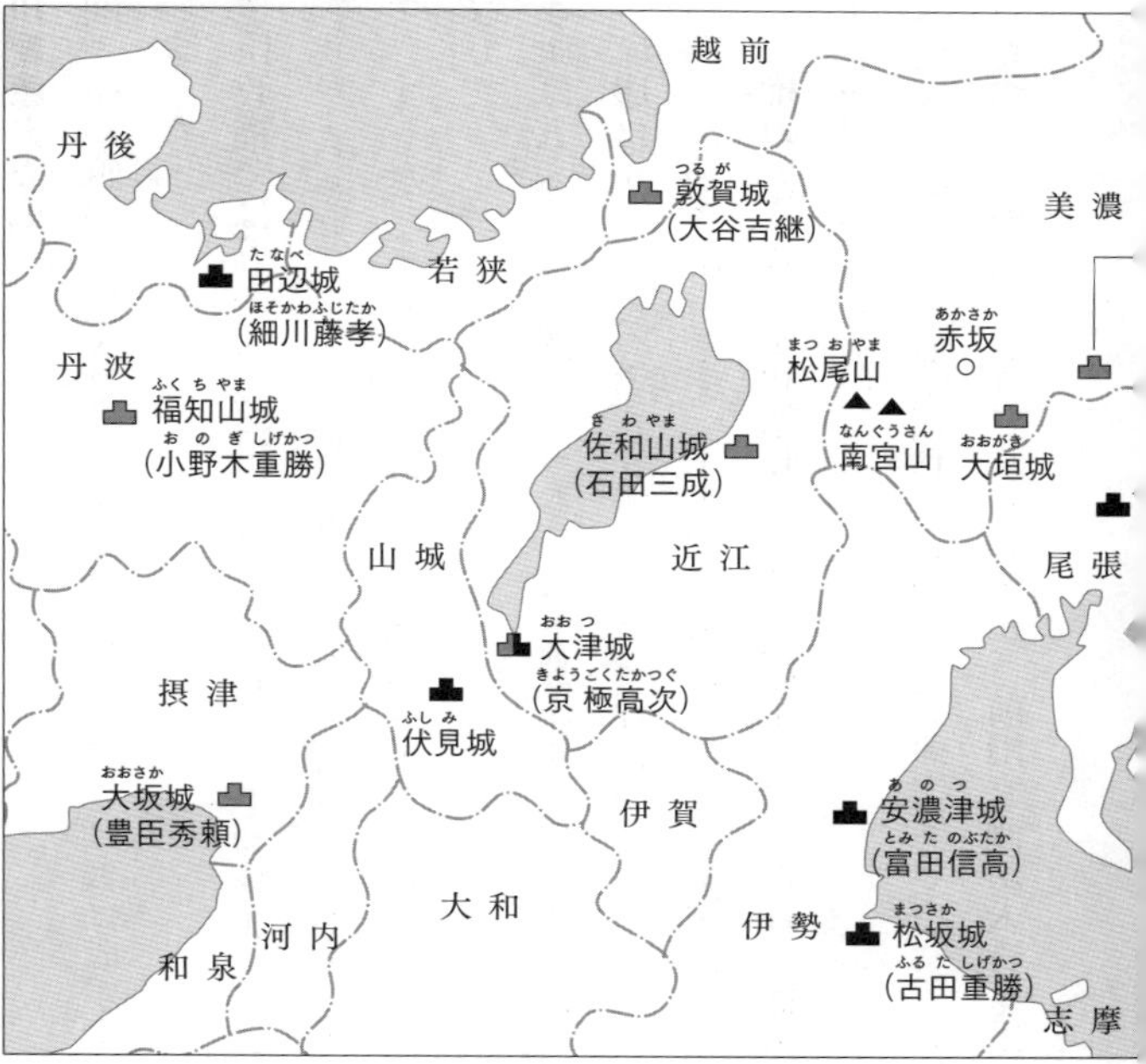

くわかりますが、赤坂は大垣城よりも西側、つまり防衛ラインの内側にあります。ですから、東軍は大垣城を無視して畿内へ西進《せいしん》してもよかった。しかし、進撃しませんでした。それは、なぜか。

　おそらく、西進すると南宮山から攻められて挟《はさ》み撃ちになるため、進みたくても進めなかったのでしょう。

徳川家康《とくがわいえやす》の思惑

関ヶ原の戦いをめぐり、家康が考えていたことと三成が考えていたことはまったく違っていました。

豊臣政権では五大老《ごたいろう》（徳川家康、前田利家《まえだとしいえ》、毛利輝元、宇喜多秀家《うきたひでいえ》、小早川隆景《たかかげ》。小早川隆景没後は上杉景勝）と五奉行《ごぶぎょう》（前田玄以《まえだげんい》、浅野長政《あさのながまさ》、石田三成、増田長盛《ましたながもり》、長束正家《なつかまさいえ》）が置かれていました。そして秀吉は、五大老に「五人の衆《しゅう》、頼み申し候《そうろう》」と言い残して亡くなりました。

家康は五大老の筆頭、言うならば、豊臣屋という大店《おおだな》の大番頭《おおばんとう》でした。ところが、大番頭・家康は主人である秀吉が没すると、律儀者と言われていた仮面を脱ぎ捨て、豊臣屋の乗っ取りに動き出します。主人が生前に決めた豊臣屋の取り決めを次々に破り、番頭や手代《てだい》、丁稚《でっち》の振る舞いを観察して「徳川屋をつくったら、俺のところで働いてくれる味方は誰か」を見定めていくのです。

家康は手始めに、前田利長《としなが》（利家死後の前田家当主）が謀反を起こそうとしたと言いがかりをつけて討伐しようとしましたが、前田家側が人質を出すなどして謝ってきたので許さざるを得ませんでした。

本当に謀反があったとは考えられず、家康側の言いがかりであり、言いがかりをつけては相手を討伐するというのが、家康の常套《じょうとう》手段でした。

たとえば、大坂冬の陣のきっかけとなった方広寺《ほうこうじ》の鐘銘《しょうめい》事件が好例です。慶長十九（一六一四）年、京都・東山《ひがしやま》の方広寺の鐘《かね》に記された「国家安康《こっかあんこう》」「君臣豊楽《くんしんほうらく》」を、家康を亡き者にすることを願い、豊臣家の繁栄を祈ったものだと言い立てたのです。

この事件について法的な根拠などを考察している研究者がいますが、まったく意味がありません。もっと広い視野で見たほうがいい。要するに、家康の言いがかりなのです。「家康さまにお味方します」と馳《は》せ参じてくる親徳川派の大名や武将の選別が狙いだったので、理不尽な言いがかりで構わないわけです。

慶長五（一六〇〇）年六月、家康は上杉景勝が謀反を企てていると難癖をつけ、討伐しようとします。親徳川派の大名たちを率いて大坂を発《た》ち、会津に向かうのです。この上杉謀反も言いがかりでした。「理屈と鳥餅《とりもち》はどこにでもつく」というジョークがありますが、言いがかりをつけて潰すのは、こののち徳川家のお家芸となります。

そもそも、権力の本質とはそういうものだと考えるべきです。何か正当な理由があるから戦うのではなく、言いがかりで十分なのです。その証拠に、家康が言いがかりをつけた時、「それはひどい。私は豊臣側に味方する」などと正義の旗を掲げて戦おうという大名はひとりもいませんでした。

要するに、勝った者が正しいわけで、正当性はあとからついてくるのです。ただし、それは双方に圧倒的な力の差がある時です。戦国時代など、実力が伯仲《はくちゅう》したAとBとCが戦う時には、大義名分が必要になる場合があります。

家康はとにかく戦争がしたかった。なぜなら、豊臣政権が作った秩序を破壊するには、戦争するのがもっとも効果的だったからです。家康はそれを秀吉から学びました。現に、秀吉は戦いでライバルたちを倒すことで、織田家から天下を奪い取ることに成功しました。家康も秀吉に倣《なら》い、カオスを作り出そうとしたわけです。

家康が会津に向かうと、三成は七月十一日に挙兵しますが、家康にとっては、これも想定内のことでした。

家康はすでに将軍だった⁉

この三成の挙兵はとても重要です。七月十七日に前田玄以、増田長盛、長束正家という現役の奉行三人が書状「内府《ないふ》ちがいの条々」を作成しました。ちなみに、内府とは家康の当時の官位・内大臣の略称です。

一般的に、五大老が五奉行の上のように思われていますが、これはまちがいで、実際に豊臣政権を動かしていたのは五奉行でした。五奉行たちは「われわれこそが豊臣政権の老臣《おとな》である」と言っています。

江戸幕府における政治上の最高職は老中《ろうじゅう》ですが、これを訓《くん》で読めば「おとな」になります。また、非常時に老中の上位に置く大老《たいろう》も、訓読みすれば「おとな」になります。老中を補佐する若年寄《わかどしより》、これは若者か年寄りなのかわからない奇妙な名称ですが、要するに「おとな」になりきれていない役職のことで、やがて「おとな」になるわけです。

ですから、「われわれこそが老臣」という表現は、奉行こそが豊臣政権を実際に動かす舵取《かじと》り役《やく》であることを示しています。

奉行はその名の通り五人いましたが、石田三成は加藤清正らが三成を誅伐《ちゅうばつ》しようとした七将襲撃事件により引退、佐和山城《さわやま》（現・滋賀県彦根市《ひこね》）に謹慎していました。

もうひとりの浅野長政は、もともと家康とは懇意でした。そして、おそらく出来レースと思われるのですが、前田利長らとともに謀反を企てていると家康に嫌疑をかけられると、家督を嫡男・幸長《よしなが》に譲り、武蔵国の府中に蟄居《ちっきょ》します。同地は家康の領地ですから、保護下に置かれたと言ってよいでしょう。あるいは、徳川家への人質でしょうか。

このように五奉行のうち二人が謹慎・蟄居していたので、残りは三人。その三人が「内府ちがいの条々」を作成し、家康がどれだけ秀吉の遺命に背《そむ》いているか、その悪行を記すのです。そして、家康こそ豊臣政権に対する反逆者であり、誅伐しなければならないと訴えたのです。豊臣家の秩序のもとに家康を排除しようというのが、この書状の趣旨ですが、本当の意味での作成者は三成だと思います。

このような事態のなか、家康は細川忠興《ただおき》に次のような文書を出します。細川家伝来の美術品や史料を集めた永青文庫《えいせいぶんこ》に保管されている、慶長五（一六〇〇）年八月十二日付けの文書を紹介しましょう。

「このたび、上方《かみがた》において戦いが始まりましたけれども、あなたは確かに味方として馳せ参じてくれました。これは大変嬉しいことです。あなたの本領である丹後《たんご》はまちがいなく、あなたのものであることを私の名前で保証いたします。さらに、あなたの新しい領土として但馬《たじま》一国を進上したいと思います」

家康は細川忠興に対し、領地を保証する「本領安堵《あんど》」と、新しい土地を与える「新恩給与《しんおん》」を行なっています。これこそ、将軍がなすべき御恩であり、主従制的支配権の発露です。つまり、将軍と配下の者が主従制を結び、配下の本領を保証し、新しい土地を与える約束をしたわけです。

建武政権が「足利尊氏が謀反を起こした」と言い出したのは、尊氏が鎌倉で自らの名前で武士たちに土地の配分を始めた時でした。これは、天下人である征夷大将軍の振る舞いですから、征夷大将軍の存在を認めない建武政権からすれば、明らかに謀反になるわけです。

そうなると、細川忠興あての文書を発給した時点で、家康は自分こそが将軍であり、天下人であると言っているわけです。自分はもう豊臣屋の大番頭ではなく、主人であった秀吉と同レベル、徳川屋の主人であるとの宣言です。そして、真の天下人はこの家康か、それとも豊臣秀頼か、堂々と戦って雌雄《しゆう》を決しようではないか、という意味が込められているのです。

このように見てくると、三成の見ていた世界と家康の見ていた世界はまったく違ったものだったことがわかります。

三成はとにかく豊臣政権下の秩序が絶対であるから、そこからはみ出した家康を討伐すると言っている。これに対し、家康は自分こそが主従制的支配権を行使する武家の新たな棟梁である。新しい支配者は徳川か豊臣か、戦場で明らかにしようではないかと言っているのです。

戦略家ではあるが、戦術家ではない三成

石田三成は関ヶ原の戦いの指揮官でしたが、戦術は稚拙《ちせつ》だったと言わざるを得ません。挙兵後に三成が目指したのが、京都周辺の敵を滅ぼすことでした。戦国時代の戦争は基本的に陣取り合戦ですから、先進地域の都を豊臣の支配地域にしようとしたのです。

伊勢ではいくつかの城を攻め落とし、完全に支配下に置きました。その後、美濃や尾張

を平定して、前述のように、尾張と三河の国境で家康と一戦交えようと考えたようですが、岐阜城が陥落してしまい、計画を変えることを余儀なくされます。

そのなかで、攻略の対象になったのが、田辺城《たなべ》（現・京都府舞鶴市《まいづる》）の細川藤孝《ふじたか》でした。西軍は城兵五〇〇ほどの田辺城に一万五〇〇〇の軍勢を向けたと言われていますが、これは大げさで、その半分程度と見たほうがいい。それでも、七〇〇〇〜八〇〇〇の兵を差し向けたことになります。

これは無駄としか言いようのない動員です。結局、細川藤孝がのらりくらりと対応したために、七〇〇〇〜八〇〇〇もの軍勢が関ヶ原の決戦に参加できず、田辺に釘づけになりました。

さらに、謀反の形で突然、反旗を翻した大津城の京極高次に対して、三成は言ってみれば虎の子の、立花宗茂と小早川秀包ら一万あまりの軍勢を攻略に向けてしまいます。

京極高次は六万石の大名ですから、どんなにがんばっても調達兵力は二〇〇〇人くらいでしょう。そうであれば、これに対応する兵を二〇〇〇人ほど割《さ》いて、他の軍勢は関ヶ原にまとめて配置すればよかったのです。特に、立花宗茂は誰もが認める戦《いくさ》上手であり、久留米《くるめ》（現・福岡県久留米市）の大名・小早川秀包も立花宗茂と連携して作戦行動に従事したことがあり、見事な作戦指揮ぶりを示していました。

つまり、西軍のエースふたりが関ヶ原の戦いに参加できなかったわけで、このふたりがいたら、戦局がどう変わっていたかは非常に興味深いところです。たとえば、立花宗茂に呼応して、猛将・島津義弘《よしひろ》が動いたかもしれない。また、小早川秀包の参戦によって、松尾山で様子見をしていた小早川秀秋が西軍についた可能性も否定できません。小和田哲男《おわだてつお》静岡大名誉教授は、西軍が勝ったのではないかと予想しています。

そう考えると、三成は戦が得意ではなかったと言わざるを得ないのです。戦略レベルでものを考えることができても、戦術レベルでは稚拙であった。

関ヶ原の戦いの前夜、島津義弘の意を受けた甥・豊久《とよひさ》が、三成に家康の陣屋への夜襲を進言しましたが、三成はこれを受け入れませんでした。結果、島津は臍《へそ》を曲《ま》げてしまいます。三成は義《ぎ》の人、秀吉に忠節を尽くした人と言われ、それは正しい評価だと思いますが、島津のような有能な武将をうまく扱うことができませんでした。

朝鮮出兵時も、補給部隊の指揮官である三成と、前線で戦っていた加藤清正、細川忠興らとの間で対立が生じ、こじれたのち、七将襲撃事件に至ります。そこまで問題をこじらせるということは、やはり人間的な度量が狭かった部分があったのでしょう。

上杉討伐に向かっていた家康は、小山《おやま》（現・栃木県小山市）で三成の挙兵を知ります。ここで有名な小山評定《ひょうじょう》が行なわれますが、ひとりの脱落者も出ずに、全員が東軍への参加を決めています。家康とともに戦うということは、言わば家康の家来になることです。ひとりとして西軍につく大名が出なかったのはなぜか。それは、そもそも家康が上杉討伐を企てて会津に向かった時に、真っ先に馳せ参じてきた武将たちだったからです。彼らは出発時点で、自分を家康の家来として位置づけていたのです。

諸将をまとめた家康は、上杉討伐を中止して江戸に戻ります。江戸で周辺の大名に向けて味方をするように強く働きかけを行ない、関ヶ原へ向かうのです。

いっぽうの三成はすでに述べたように、まず畿内を平定しようと、手始めに目障《めざわ》りな伏見城《ふしみ》（現・京都府京都市）を攻め落としますが（守備の将・鳥居元忠《とりいもとただ》は壮烈な戦死）、この戦いには時間がかかりました。その後、伊勢方面を平定して、大垣城に入ります。

小早川秀秋《こばやかわひであき》は西軍とは言えない

さて、関ヶ原の戦いですが、家康は徳川本隊の到着を待ってもよかったのです。徳川秀《ひで》忠《ただ》が率いる三万八〇〇〇人こそ、徳川将兵の中核でした。この部隊は真田昌幸・信繁《のぶしげ》（幸《ゆき》村《むら》）が立て籠もる上田《うえだ》城（現・長野県上田市）攻めに手間取り、関ヶ原への到着が遅れていました。この徳川本隊を待たずに開戦に踏み切ったということは、家康は、彼らがいなくても勝てると踏んだに違いありません。

それでは、家康は何をきっかけにして戦いをしかけたのか。

慶長五（一六〇〇）年九月十四日、小早川秀秋が松尾山に入ったことが関ヶ原の戦いの引き金を引いたというのが、私の仮説です。

小早川秀秋は秀吉の妻・北政所《きたのまんどころ》の血を分けた甥であり、早くから秀吉夫妻の養子になっていました。つまり、豊臣政権の後継者候補としては、秀吉の甥で関白になった豊臣秀《ひで》次《つぐ》に次ぐナンバー2だったのです。ですから、小早川家に養子に行く前と後《あと》では、諸将の秀秋に対する振る舞いはまったく違いました。養子に行く前は、豊臣家の貴公子《プリンス》としての扱いを受けていたのです。

しかし、秀吉と淀《よど》殿との間に秀頼が生まれると、秀秋の運命は暗転します。秀吉にとって秀次も秀秋も邪魔者となり、秀次は一族皆殺しの憂《う》き目に遭《あ》いました。秀秋も危機に立たされ、五大老・小早川隆景の養子になります。これによって、豊臣家の貴公子から一《いち》大名となり、後継者レースからは完全に脱落しました。

さらに、朝鮮出兵のあとには国替えを命じられ、筑前三五万石から越前北《きた》ノ庄《しょう》（現・福井県福井市）一二万石に左遷されてしまいました。この左遷には、石田三成の讒言《ざんげん》があったなどと言われますが、はっきりしません。

このように、秀秋には豊臣家への恩義などありません。それどころか、秀吉亡きあと、家康が骨を折ってくれた結果、秀秋は筑前に戻ることができた。ですから、家康には恩義がありました。したがって、小早川秀秋は西軍につく必然性がなかっただけでなく、むしろ家康につく可能性のほうが高かった。とはいえ、やはり豊臣家と血のつながりがあるため、なかなか東軍につく踏ん切りがつかない。

そうこうしているうちに、三成が挙兵してしまった。小早川秀秋は鳥居元忠（東軍）が守っている伏見城に入って一緒に戦おうとしますが、元忠からけんもほろろに断られ、しかたなく西軍の伏見城攻略に加わってしまいます。

しかし、家康の機嫌を損ねてはまずいと詫《わ》びの手紙を書いて送りましたが、やはり家康がいい顔をしなかったので、秀秋は震《ふる》えあがります。これ以後、秀秋は佐和山近くの高宮《たかみや》(現・滋賀県彦根市)に駐屯して動かず、三成のコントロールもいっさい受けつけなくなりました。

そうしたなか、九月十四日になって突然、松尾山を守っていた大垣城主の伊藤盛正《いとうもりまさ》(西軍)を追い出す格好で、松尾山に陣取ります。松尾山の小早川秀秋が東軍に味方すると、南宮山の西軍が動けなくなり、赤坂に陣取った家康の軍勢は西進することができる。

あわてた西軍は関ヶ原に陣を敷きます。大垣城にいた三成らの軍勢も城を出て、笹尾山・天満山に布陣します。これを見た家康は、徳川本隊を待たずに戦うことを決断した。城攻めではなく、家康が得意な野戦で決着をつけることにしたわけです。

西軍で南に布陣した大谷吉継《おおたによしつぐ》の陣地跡を見ると、松尾山に向けて土塁《どるい》を作っている。つまり、大谷吉継は松尾山の小早川秀秋の裏切りを想定していたのです。松尾山に登ってみるとよくわかりますが、関ヶ原を一望のもとに見渡すことができます。東西両軍の布陣を眺め、小早川秀秋はどちらにつくか、最後まで迷っていたのです。

吉川広家《きっかわひろいえ》の密約

家康が決断したもうひとつの理由は、南宮山の毛利秀元《ひでもと》の動向です。輝元の名代《みょうだい》である毛利秀元の前を塞ぐように、毛利家中で出雲《いずも》の月山富田城《がっさんとだじょう》（現・島根県安来市《やすぎし》）の城主・吉川広家が布陣していましたが、広家は「わが毛利家は戦いに参加しない」と言ってきていました。広家は、それまで西軍として伊勢の戦いで城を落とすなどの活躍を見せていましたが、家康には絶対に弓を引かないことを約束していました。この約束は、黒田長政《ながまさ》から徳川家家臣・井伊直政《いいなおまさ》を介して、家康の耳に入っていました。ですから、南宮山に布陣していた毛利秀元の二万を超える軍勢は動かないと、家康は読んでいたわけです。

関ヶ原の戦いを〝表向き〟だけで見ると、松尾山の小早川秀秋も、南宮山の毛利秀元も、天満山の宇喜多秀家も西軍であり、西軍に囲まれたなかに東軍が突撃する構図になります（136～137ページの図表10）。

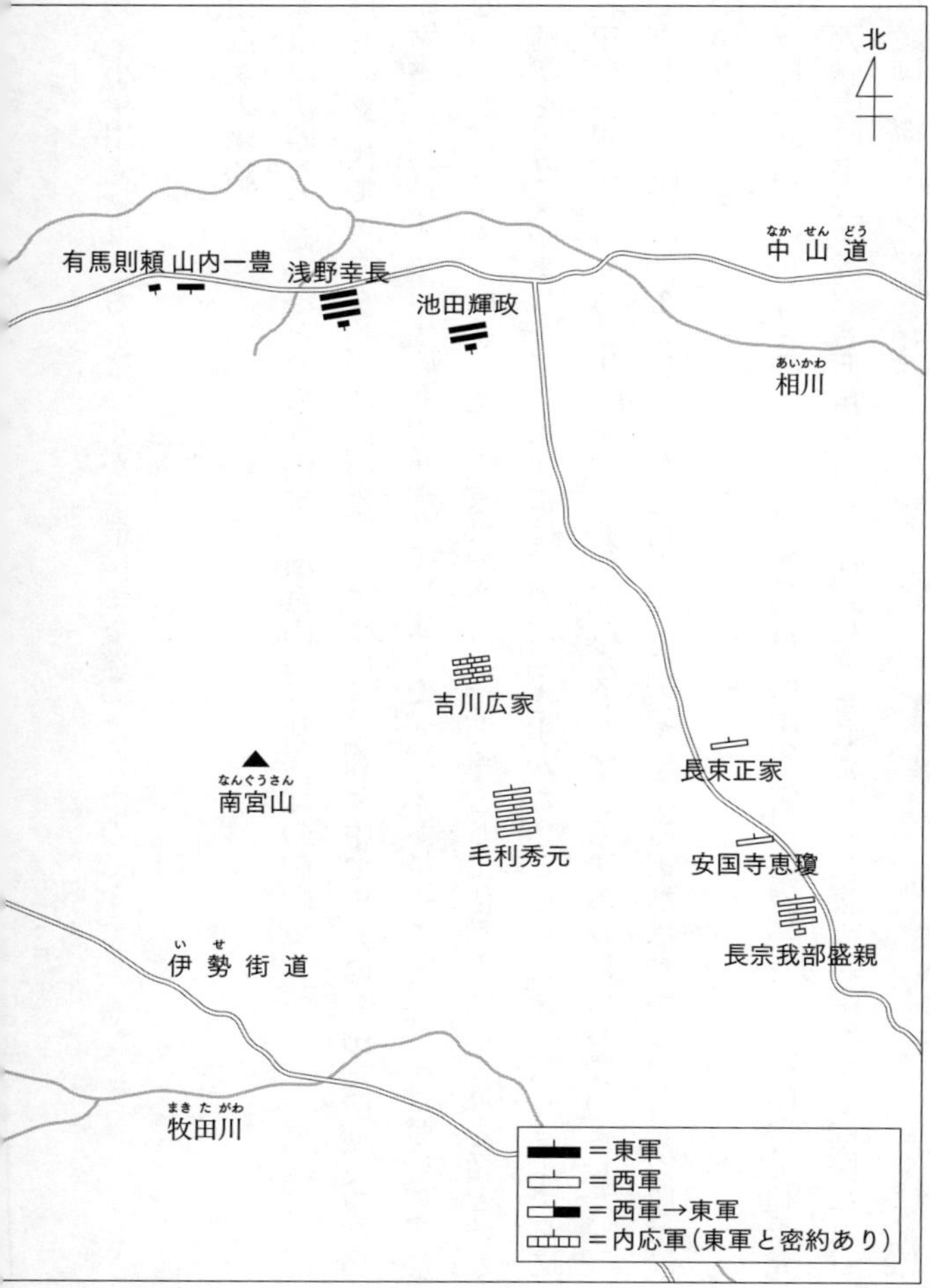
北
有馬則頼
山内一豊
浅野幸長
池田輝政
中《なか》山《せん》道《どう》
相川《あいかわ》
吉川広家
長束正家
南宮山《なんぐうさん》
毛利秀元
安国寺恵瓊
長宗我部盛親
伊《い》勢《せ》街道
牧田川《まきたがわ》
＝東軍
＝西軍
＝西軍→東軍
＝内応軍(東軍と密約あり)

図表10 関ヶ原の戦い・両軍の布陣

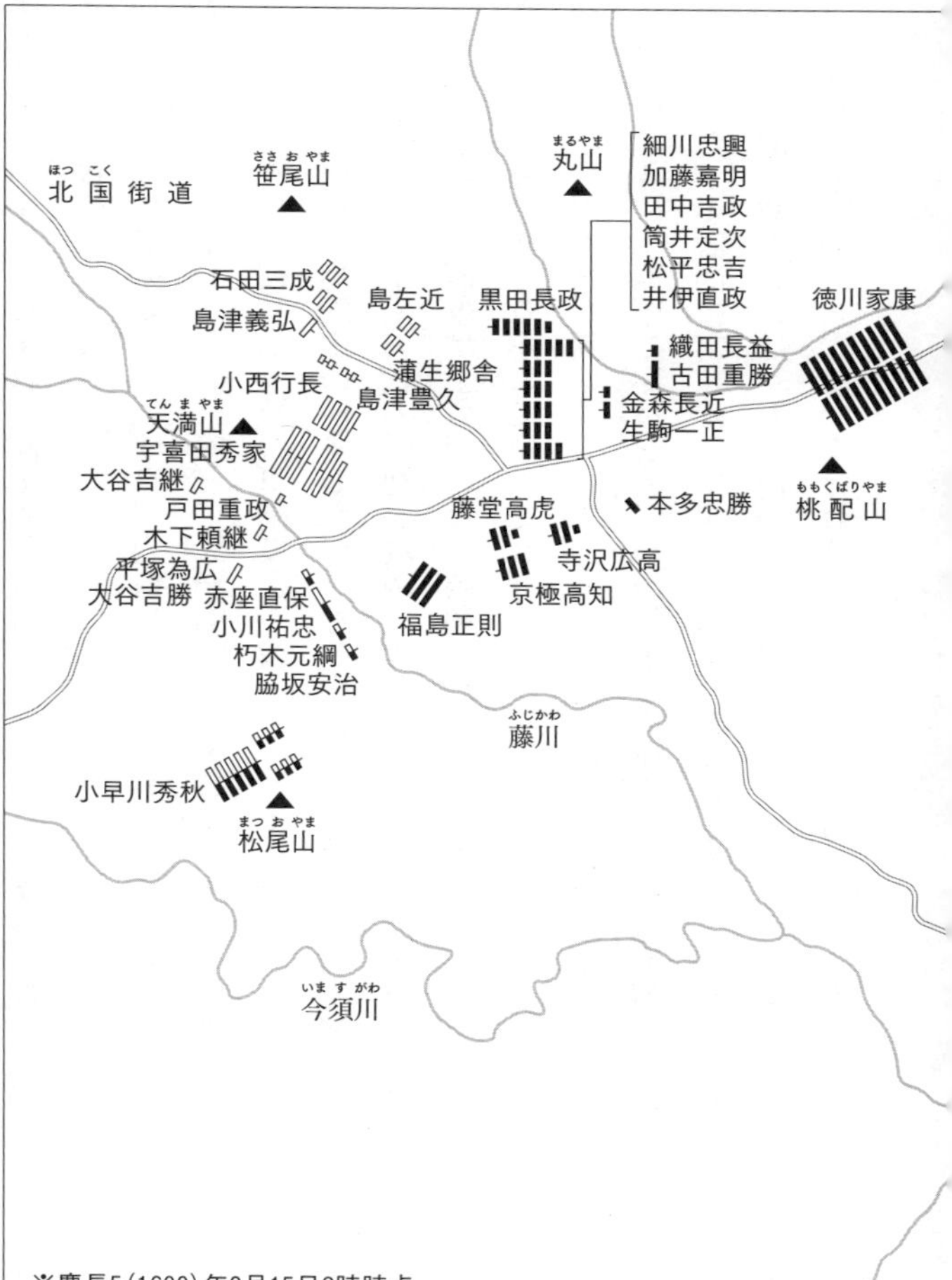

※慶長5(1600)年9月15日8時時点

明治時代にドイツから来日、陸軍大学教官をつとめたメッケル少佐は、この布陣を見て西軍の勝ちと即断しました。

しかし、これまで見てきたように、内情はまったく異なり、西軍として関ヶ原で戦ったのは、笹尾山に布陣した石田三成と、天満山の宇喜多秀家、それに小西行長《こにしゆきなが》の軍勢だけでした。逆に言うと、彼らは少数の軍勢でよく戦ったと言えます。

家康は決戦の日、桃配山にいましたが、もし南宮山の毛利秀元の軍勢がうしろから攻め寄せ、松尾山から小早川秀秋の軍勢が攻めてきたら、完全に包囲され、壊滅していたでしょう。そうなれば、西軍はまちがいなく勝利した。ですから、三成は「なぜ皆、動いてくれないのか」と歯ぎしりをしていたでしょう。

しかし、小早川秀秋が動いたことで一挙に均衡《きんこう》が崩れ、勝敗は決しました。この時、ドミノ倒しのように、西軍の脇坂安治《わきさかやすはる》、小川祐忠《おがわすけただ》、赤座直保《あかざなおやす》、朽木元綱《くちきもとつな》の四将が裏切ったのは余計でした。小説的に言えば「ブルータスよ、おまえもか」というところでしょうか。

そして、関ヶ原の戦いは、わずか一日ですべてが決してしまいます。もし小早川秀秋が九月十四日に松尾山に入っていなければ、まったく異なるシナリオがあったかもしれません。というのも、関ヶ原の戦いが行なわれた九月十五日に大津城が陥落しているからです。

大津城攻めに回っていた戦上手の立花宗茂と小早川秀包の連合軍が西軍に加わっていたら、すぐに戦端は開かれず、家康は徳川本隊三万八〇〇〇を待って関ヶ原の戦いに臨《のぞ》んだ可能性があります。

大坂城籠城《ろうじょう》という選択肢

家康と秀吉が直接衝突した小牧・長久手の戦い以降も両者は対峙《たいじ》、家康は対決姿勢を崩しませんでした。結局、秀吉は家康と決戦することをやめ、関白・豊臣家をつくるという搦《から》め手《て》の策を弄《ろう》し、政治的に家康を取り込むことに成功します。

石田三成も秀吉に倣い、政略による家康の籠絡《ろうらく》を考えていたようで、大垣城と南宮山に防衛ラインを引き、両軍睨《にら》み合いをする心づもりだったと思われます。

しかし、関ヶ原の戦いで西軍はわずか一日で総崩れとなり、三成は捕縛されます。島津義弘の場合、戦いの帰趨《きすう》が決まるまでまったく動かず、戦場からの離脱に成功しますが、一五〇〇人いた兵が最後は数十人にまで減っています（島津の退き口《のぐち》）。その意味では、護衛する兵がほとんどいなかった三成の場合、どうにもならなかったのかもしれません。

三成を捕縛したのは、武将・田中吉政《たなかよしまさ》です。真偽不明ですが、吉政は豊臣秀吉と同様に農民から成り上がった武将で、近江近辺に生まれたらしく、土地勘があったために三成の捕縛に成功したと言われています。

三成が生きていたら、大津城での籠城戦や大坂城での籠城戦など「関ヶ原の戦い」が続いてもおかしくありませんでした。吉政は三成を捕まえただけでも手柄ですが、「関ヶ原の戦い」を終息させるうえでも非常に大きな功績だったと言えます。こののち、吉政は立花宗茂の所領・柳川《やながわ》（現・福岡県柳川市）を与えられ、三二〇万石の大大名《だい》になります。

西軍の敗戦後、立花宗茂が瀬田の唐橋を焼いて落とそうとした味方を止めたという逸話がありますが、これは史実がどうかわかりません。

橋を落として時間を稼ぐ戦術は有効な時もありますが、当時「舟橋《ふなばし》」と言って小船を横につないで橋を作ることがよく行なわれていました。舟橋を使えば兵士も馬も渡ることができます。闇雲に橋を落としても意味はなく、どこで戦うかという戦術があって、はじめて橋を落とすという選択肢が出てくるのです。

さて、西軍はこの段階で大津城を攻め落とした立花宗茂ら一万、田辺城攻めの一万、かき集めた敗残兵が二万、それに毛利輝元が率いていた一万を合わせれば五万の軍勢が残っていたわけですから、大坂城に籠城して戦うことも十分に可能でした。

ですから、大坂城にいた毛利輝元に戦う気さえあれば、まったく違った展開になったと思います。というのも、大坂の陣の時、浪人たちの集まりにもかかわらず、あれだけ戦えたわけですから、きちんと統制の取れた武士たちが集結すれば、大坂の陣以上の戦いができたはずです。実際に、立花宗茂は毛利輝元に対して「大坂城に籠もって抗戦すべし」と進言していました。

しかし、毛利輝元は大坂城を明け渡す決断をしました。関ヶ原の戦いで、西軍が完膚《かんぷ》なきまでに叩き潰されたために、もはや戦うエネルギーは残っていなかったのです。それだけ、家康が戦上手だったということでしょう。

第四章

関ヶ原の戦い
(2)歴史的意義

大坂城開城の意味

関ヶ原の戦いは結局、東軍の完勝で終わりました。西軍の防衛ラインは完全に崩壊、総崩れとなったのです。戦争の終わり方には、いくつかのパターンがあります。大将である今川義元が討たれた桶狭間の戦いのような惨敗もそのひとつですが、関ヶ原の戦いにおける西軍も惨敗と言っていいでしょう。

西軍には、もうすこしやりようがあったと思うのです。たとえば、いくつかの部隊を犠牲にして、石田三成を逃がすという手があったかもしれない。しかし、まったく手を打つ余裕がなく、負けてしまったのが現実でした。

東軍は、三成が防衛拠点とした大垣城を包囲して攻め落としたあと、戦争目的であった畿内に入ろうとします。美濃を越えて近江に入ると、まず邪魔になるのが三成の居城・佐和山城ですから、これも落とします。ふたつの城の陥落後は、これといった抵抗を受けることもなく、大坂城に向かって進軍しました。

この段階で、黒田長政と福島正則が連名で、大坂城に陣取っている毛利輝元あてに書状を書いて送ります。つまり、書状による外交戦を繰り広げたわけです。黒田長政は猛将のイメージが強いですが、官兵衛の息子だけあって頭が回る武将でもありました。

その書状で、黒田・福島は「家康様は毛利輝元殿を御如才《じょさい》なく思っている。毛利家家老・福原広俊《ふくばらひろとし》を使者として行かせるので、詳しいことは彼から聞いてくれ」と書き記しています。「如才なく思う」とは、大いに尊重しているという意味です。余談ですが、福原家には、同じ名前を子孫につけるおもしろい家風があります。福原広俊の父は元俊《もととし》でしたが、広俊の子はまた元俊、その元俊の子が広俊を名乗っています。

この書状を受けて、輝元から黒田・福島あてに返書が送られましたが、そこには「毛利家の所領を安堵してもらえるということを聞いて安心しました」と書かれていました。これで安心して、毛利輝元は大坂城を出たのです。しかし、黒田・福島が輝元にあてた書状には「所領を安堵する」という文言はまったく書かれていません。ということは、使者・福原が口頭で伝えたと考えざるを得ないのです。

輝元が大坂城を出ると、家康は粛々《しゆくしゆく》と大坂城に入りました。この時点で、チェックメイト（詰み）です。なぜなら、家康は、西軍の総大将・秀頼の身柄を押さえたわけですから。清洲会議で秀吉が三法師を抱き上げたのと同じことです。これにより、「関ヶ原の戦い」は完全に終わりました。

誤解されている福島正則《ふくしままさのり》

少々脱線しますが、どうも腑《ふ》に落ちないのが、福島正則という武将の人物像です。

福島正則は小説やテレビドラマなどでは、酒を飲んで暴れる荒くれ者として描かれることが実に多いのです。二〇一七年八月に公開された映画「関ヶ原」でも、まるでヤンキーのような人物像になっていますが、彼は当時、清洲二四万石の大名です。現代に直せば、大企業の社長と言ってもいい。その社長が、ただの荒くれ者ということは常識ではありえません。

実際に、正則の家臣たちは他の大名から非常に高く評価され、福島家の大幅な減転封《げんてんぽう》（安芸《あき》・備後《びんご》四九万石→信濃川中島・越後魚沼《うおぬま》郡四万五〇〇〇石）により職を失った際には、引く手数多《あまた》でした。

また、天正十一（一五八三）年、羽柴秀吉と柴田勝家が戦った賤《しず》ヶ岳《たけ》の戦いで、「七本《しちほん》槍《やり》」と言われた七人（福島正則、加藤清正、加藤嘉明《かとうよしあき》、脇坂安治、片桐且元《かたぎりかつもと》、平野長泰《ひらのながやす》、糟屋《かすや》武則《たけのり》）のなかで、その後大きな所領（一〇万石以上）を与えられたのは福島正則、加藤清正、加藤嘉明ぐらいです。それだけ、秀吉に高く評価されていたと言うべきでしょう。

ですから、荒くれ者という描かれ方には疑問が残るのです。先を見通すことのできる優秀な大名だったのではないか。では、なぜ荒くれ者として描かれたのでしょう。

その理由は、黒田長政と比べるとはっきりします。黒田家には、儒学者であり本草《ほんぞう》学者の貝原益軒《かいばらえきけん》が携《たずさ》わった、黒田家の歴史書『黒田家譜《くろだかふ》』があり、そこから官兵衛伝説が生まれています。つまり、黒田家（福岡藩）が存続し、権力を持っていたために、そうそう黒田家の悪口は言えないわけです。これは、真田家（松代《まつしろ》藩、初代藩主・信之《のぶゆき》）、山内《やまうち》家（土佐藩、初代藩主・一豊《かつとよ》）なども同様で、江戸時代を通して、草創期の殿様はこんなに偉い人だったという伝説が語り継がれていったわけです。

いっぽうの福島家は改易されました。ですから、好き勝手な悪口を叩かれるわけです。その結果、荒くれ者のような正則像ができた可能性があります。ですから、その点は考えないといけないでしょう。

江戸幕府の成立は一六〇〇年⁉

大坂城に入った徳川家康は、さっそく論功行賞に取りかかります。これには領地の加増だけでなく、改易や切腹・斬首の命令も含まれていました。

なぜ、家康に「切腹せよ」と命じられたら、大人しく腹を切るのか。たとえば、もし私が、上司である東大史料編纂所長から「切腹せよ」と言われても、「なんで俺が腹を切らなきゃいけないんだよ」と、命令など聞きません。

ということは、家康の命令で切腹するのは、家康が新たな天下人であると皆が認めていたからと考えざるを得ないのです。もし命令に背いて切腹しなかったら謀反人とされ、恩賞目あての大名たちから総攻撃を受けて滅亡することは目に見えています。ですから、しかたなく腹を切ったわけです。

要するに、この時点で、家康は新しい天下人になったと言えます。つまり、徳川幕府は慶長五（一六〇〇）年に成立したと見るべきなのです。一般には、慶長八（一六〇三）年の征夷大将軍の任命をもって開府とされますが、私の解釈は違います。

また、関ヶ原の戦い後から大坂夏の陣で豊臣家が滅亡するまでは二重公儀《こうぎ》体制であった、と主張する人がいます。これは、慶長五（一六〇〇）年から元和《げんな》元（一六一五）年まで、大坂と江戸にふたつの公儀（政府）があり、天下人もふたりいたというわけです。

この学説を唱える人は、前述の佐藤教授による将軍権力の二元論について、どのように説明・反論するのでしょう。御恩と奉公という主従制的支配権からすれば、豊臣秀頼は大名たちに領地を分け与えていないわけですから、天下人ではありません（むしろ、家康から減封《げんぽう》されています）。

もし、主従制的支配権を確立していない秀頼が天下人であると主張するのであれば、まず天下人の定義をすべきです。そのうえで、佐藤先生の学説を打ち砕《くだ》かないと二重公儀体制論の正当性は立証できませんし、日本史研究者たちの賛同は得られないでしょう。「定説を疑ってかかる」のは学問的態度として正しいですが、闇雲に「異論」に飛びつくのは賛同できません。

修正された、鎌倉・室町幕府の成立時期

実は、幕府成立時期の修正は、鎌倉幕府や室町幕府ではすでに提起され、広く受け入れ

られています。

かつて、鎌倉幕府の成立は一一九二（建久《けんきゅう》三）年とされ、私は「イイクニつくろう、鎌倉幕府」と覚えました。しかし、現在は一一八五（文治《ぶんじ》元）年が定説で、「イイハコつくろう、鎌倉幕府」に変わっています。つまり、源頼朝が征夷大将軍に任命された一一九二年ではなく、全国に守護を配置し、荘園に地頭を置く権利を朝廷から認められ、頼朝の権力が広く日本列島におよんだ一一八五年を開府と考えるのです。

ちなみに、私は一一八〇（治承四）年説を唱えています。頼朝が征夷大将軍に任じられるのも、守護・地頭の設置を認められるのも、「朝廷から与えられる」という意味では同じです。しかし、幕府とは何かと言えば、「武士の、武士による、武士のための」政権です。ということは、武士の集団が立ち上がって、自分たちで権力体をつくることを宣言した時が、幕府が成立した時だと思うのです。

そうすると、源頼朝が南関東を平定して鎌倉に入り、ここに俺たちの拠点を作ると宣言したのが一一八〇年ですから、この年に鎌倉幕府は開かれたと考えるわけです。おそらく、私の仮説は定説にならないでしょうが、このように、考え方と根拠を示して仮説を立てることはとても大切なことです。

いっぽう、室町幕府の成立は一三三八（暦応元・延元三）年とされていました。例によって、この年に足利尊氏が朝廷から征夷大将軍に任命されたからです。しかし、室町幕府が開かれる頃には、天皇はさほど力を持っていませんでした。特に北朝の天皇は、尊氏が担いでいるから命脈を保っていたわけで、やはり尊氏の目線で幕府の成立を見る必要があります。

そうだとすれば、室町幕府の憲法とも言える建武式目《けんむしきもく》が作られた一三三六（建武三・延元元）年に幕府がつくられたと考えるべきではないか。現在は、この一三三六年説が定説になっています。

このように、鎌倉・室町幕府で、すでに定説が修正されているにもかかわらず、江戸幕府の成立について修正がいまだに検討されていないのはおかしなことです。これは、近世史研究者の怠慢《たいまん》と言わざるを得ません。

鎌倉時代初頭や室町時代初頭の天皇の権威・権力と、江戸時代はじめの天皇の権威・権力を比べた時、江戸時代のほうが弱まっているのはまちがいないわけです。そうであれば、力の弱い天皇に征夷大将軍に任命されたから幕府ができたという説は、あまりにもおざなりな考え方ではないでしょうか。やはり、徳川家康が大坂城に入城して天下人となった一六〇〇年に徳川幕府ができたと考えるのが自然だと思います。

家康の査定① 戦功重視、裏切りは許さない

関ヶ原の戦いの論功行賞でポイントになるのが、小早川秀秋とともに東軍に寝返った脇坂安治、朽木元綱、小川祐忠、赤座直保の四人の大名です。

このうち、脇坂安治は東軍につくことをあらかじめ家康に連絡していたので、本領は安堵されましたが、加増はありませんでした。残る三家のうち二家が取り潰し、一家が減封されています。家康は、戦いの趨勢《すうせい》が決まってから勝ったほうにつく、言わば火事場泥棒を許さなかったのです。

つまり、「自分は命をかけて家康様に従います」という姿勢を示すことが大前提です。そのうえで、戦功を厳密に査定しました。秀吉のように気まぐれや恣意《しい》で論功行賞をすることはなく、ドライに判断しています。逆に言えば、なぜ加増・減封されたのか、なぜ罰

を受けたかの理由が明らかになっていなくても、加増・減封の量を見ることで、家康の考え方を推《お》し量《はか》ることができます。

福島正則は、清洲二四万石から安芸一国と備後半国を合した四九万石の大大名《だい》になりました。正則は関ヶ原の戦場での奮戦だけでなく、小山評定で居並ぶ諸将のなか、真っ先に「家康様にお味方します」と述べたことが大きく評価されたのでしょう。これは、戦功を挙げた者にはプラス査定をするという大原則の典型的事例だと思います。

小早川秀秋は、筑前三五万石から宇喜多秀家が治めていた備前《びぜん》五二万石になりました。加増されたうえに、京都に近い所領を与えられたことを見ると、朽木元綱らのように突然裏切ったのではなく、やはり家康との間に密約があって当初から東軍についていたと考えるべきです。

京極高次は、周囲がすべて西軍だったにもかかわらず、東軍の旗を掲げて大津城に立て籠もりました。突然の挙兵に驚いた三成は、立花宗茂、小早川秀包ら西軍の最強部隊を向かわせます。大津城は落城しましたが、落城した日が関ヶ原の戦いが行なわれた九月十五日。前述のように、もし立花宗茂らが関ヶ原にいたら、勝敗はわかりませんでした。そうだとすると、最強部隊を止め置いた高次の戦功は非常に大きい。

高次は、近江大津六万石から若狭小浜《わかさおばま》九万二〇〇〇石になりましたが、加増は三万石。この小幅の加増には首を傾げますが、関ヶ原の戦い当日とはいえ、簡単に降伏したのがよくなかったのかもしれません。もう一日降伏せずにがんばるか、討ち死にしていれば、大幅な加増になっていたかもしれません。

家康の査定②　一族に甘い

身内に甘いことも、家康の論功行賞の特徴のひとつです。

家康の次女・督姫《とくひめ》を妻に迎えていた池田輝政《いけだてるまさ》は、一族で一〇〇万石近い領地をもらっています。

蒲生氏郷は、秀吉から会津若松九二万石を与えられていましたが、四〇歳ほどで亡くなりました。死因は胃がんだと言われています。秀吉は、氏郷の嫡男・秀行《ひでゆき》が九二万石を治めるのは無理と見て、二万石にしようとしましたが、周囲が「いくら何でもひどすぎる」と進言したため、結局、宇都宮《うつのみや》一八万石になっています。

秀行は、関ヶ原ではほとんど戦功がありません。ということは、戦功のない者はプラス査定しないという大原則では加増ゼロのはずですが、三年後に元の封地・会津への復帰を果たしただけでなく、一八万石から三倍の六〇万石に加増されています。秀行の妻が、家康の三女・振姫《ふりひめ》であることしか、この理由は見あたりません。

振姫は秀行の死後、浅野長政の次男・長晟《ながあきら》に嫁《とつ》ぎます。その結果、岡山藩の池田、広島藩の浅野と、中国地方は徳川の血が入った大名で固められることになりました。

第二代将軍・徳川秀忠の次女・珠姫《たまひめ》を妻に迎えたのが、加賀《かが》藩の第三代藩主・前田利常《としつね》です。

前述のように、関ヶ原の戦いの前に前田利長の謀反騒ぎが起こります。この時、前田家の家臣・横山長知《よこやまながちか》が「申し訳ありません。謀反ではありません。もう絶対に徳川様には逆らいません」と詫びを入れ、利家の妻・まつを江戸に人質に差し出します。その際、横山が「利長の弟・利常に徳川家の姫君をください」と願い出て、徳川家との縁組みをまとめてきたのです。利常は七歳、珠姫はわずか一歳でした。

関ヶ原の戦いの前、前田家の所領は加賀半国、能登《のと》一国、越中《えっちゅう》一国を合《がっ》して八四万石でした。このうち、加賀半国と越中は利長の領国、能登は利長の弟・利政《としまさ》の領国でした。兄弟で前田家を運営していたのです。

まつは一一人の子を産みましたが、男子は利長と利政のふたりだけでした。ところが、利政は西軍についたため、能登は没収されました。いっぽうの利長は東軍につき、残りの加賀半国を治めていた山口宗永《やまぐちそうえい》の大聖寺《だいじょうじ》城（現・石川県加賀市）と丹羽長重《にわながしげ》の小松《こまつ》城（現・石川県小松市）を攻め落としました。

関ヶ原の戦いのあと、家康の論功行賞によって、前田が自力で攻め取った領国は前田のものになりました。また、利政の罪を問わず、浪人になることですみました。利政が持っていた能登も没収されず、兄・利長のものになりました。こうして、加賀一〇三万石が成立したわけです。前田家に対する査定は相当に甘いものでしたが、これは利常が珠姫の婿《むこ》だったからです。

その後、利長は子がなかったため（梅毒だったらしい）、利常に家督を譲ります。そして、妻・珠姫が産んだ光高《みつたか》が第三代藩主となりました。ここにも、徳川の血が入っています。江戸時代を通じて、前田家には英明な殿様が多く出て領国を立派に治めるとともに、徳川家とも良好な関係を続けました。

ちなみに、東大の赤門《あかもん》は、前田家江戸藩邸上屋敷《かみやしき》の御守殿門《ごしゅでんもん》です。御守殿門とは、御守殿（大名家に嫁いだ徳川将軍家の娘）が住まう奥座敷の門のことで、朱塗《しゅぬ》りでした。文政《ぶんせい》十（一八二七）年、前田家の第十二代当主・斉泰《なりやす》が、第十一代将軍・徳川家斉《いえなり》の二十一女・溶姫《やすひめ》を迎えるために建造されました。

広大な前田家藩邸は、太平洋戦争時の空襲によってほとんどが焼けましたが、赤門は奇跡的に焼け残りました。また、唯一現存する御守殿門としても貴重なものです。

家康の査定③　家臣に厳しい

いっぽう、家康は家臣への査定は非常に厳しかった。忠義を尽くした家来であっても、関ヶ原の戦いで戦功を挙げていない者には、プラス査定をしませんでした。

たとえば、徳川四天王（酒井忠次《さかいただつぐ》、本多忠勝《ほんだただかつ》、榊原康政《さかきばらやすまさ》、井伊直政）のうち、徳川秀忠が率いた徳川本隊にいたために合戦に参加していない榊原康政は、加増ゼロでした。家康に忠義を尽くしてきた家臣たちは「殿が天下人になったら、一〇〇万石ぐらいもらえるかもしれない」などと大盤振る舞いを期待していたと思いますが、まったく空振りに終わります。

本多忠勝は、関ヶ原の戦いでは家康軍に所属、東軍における豊臣恩顧の武将たち（福島正則、山内一豊、堀尾忠氏《ほりおただうじ》など）の監視役をつとめます。西軍に寝返らないか、見ていたわけです。

忠勝の嫡男・忠政《ただまさ》が率いた本多家の部隊は、徳川秀忠の徳川本隊に所属し、真田昌幸・信繁が立て籠もる上田城攻めに参加します。しかし、手痛い被害を受けて城を落とせなかっただけでなく、関ヶ原の戦いにまにあわないという失態を演じます。結果、忠政は加増ゼロでした。

忠勝は、上総の大多喜《おおたき》（現・千葉県夷隅《いすみ》郡）一〇万石から伊勢桑名一〇万石に国替えとなりました。また、元の所領の大多喜は五万石に減らされ、忠勝の次男・忠朝《ただとも》に与えられました。本多父子合わせて一五万石で、五万石の加増ということになります。これは、忠勝個人の活躍への褒美《ほうび》と考えられます。

黒田長政と福島正則が吉川広家と通じていたことはすでに述べましたが、広家の意向など機密事項を家康に伝える際、本多忠勝と井伊直政にあてて書状を送っていました。彼らは受け取った書状を読んだうえで、家康に伝えていたわけです。忠勝は、福島正則らと同様に荒大名《あらだいみよう》として描かれることが多いですが、この一事からも、ただの戦《いくさ》馬鹿でなかったことがわかります。

前述のように、鳥居元忠は伏見城に立て籠もって討ち死にしましたが、この時間稼ぎが東軍にとっては大きなアドバンテージとなりました。ところが、戦後の論功行賞で鳥居家に加増はありませんでした。ただし、時間をかけて加増され、元和八（一六二二）年には出羽山形藩二〇万石の藩主になっています。これは、譜代《ふだい》大名のなかでは突出しており、井伊家に次ぐ石高です。

鳥居家はその後、お家騒動などで複数回、改易の危機を迎えますが、そのたびに「三河武士の鑑《かがみ》」と言われた元忠の勲功が思い起こされ、取り潰しを免《まぬか》れます。そして、江戸時代を通じて、一万～三万石で存続しました。これは、領地を減らしても名前を残したい、当時の武家の価値観を示しています。

井伊《いい》家の光と影

徳川四天王の井伊直政は、関ヶ原の戦いで傷を負いながらも奮戦。戦後は上野の高崎《たかさき》（現・群馬県高崎市）一二万石から近江の佐和山（現・滋賀県彦根市）一八万石に移封、六万石の加増となりました。

江戸幕府は関ヶ原の戦いのあと、関ヶ原ではなく、伊勢と彦根に防衛ラインを引き直して、東国と西国の新しい区分けをしました。そして、伊勢には外様《とざま》大名のなかでも家康の信頼が厚かった藤堂高虎《とうどうたかとら》を祖とする津《つ》藩（のちに三二万石）を、彦根には譜代大名の旗頭・井伊家の彦根藩（のちに三五万石）を置きました。徳川家が軍事行動を起こす場合には井伊家が先鋒《せんぽう》を、藤堂家が次鋒《じほう》をつとめることを期待されたのです。

二〇一七年のNHK大河ドラマ「おんな城主 直虎」を見た人はわかると思いますが、井伊家の兜《かぶと》や鎧《よろい》は朱色で、「井伊の赤備《あかぞな》え」と言われました。これは、徳川家康の命により、井伊直政の配下に滅亡した武田家の旧家臣団（赤備えで有名でした）が配属されたからです。戦国最強と言われた家臣団を引き継いだわけです。

直虎が女だったか男だったかという論争はさておき、直虎は井伊家の後継者・直政（幼名・虎松《とらまつ》）を立派に育て上げました。それは井伊家の家臣団を路頭に迷わせないためでもありましたが、井伊谷《いいのや》の時代から井伊家を支えていた家臣たちは苦難が続いたようです。

関ヶ原の戦いのあと、直政は戦いで受けた傷がもとで四〇歳の若さで亡くなりました。井伊家は直政の長男・直継《なおつぐ》が跡《あと》を継ぎますが、この人は家康の眼鏡にかないませんでした。井伊家はいざという時には、西国の軍勢と戦う先鋒ですから、大将がボンクラではつとまらないのです。それで、直継の弟・直孝《なおたか》が藩主となり、直継は上野の安中藩《あんなか》三万石に移されてしまいました。彦根藩は一五万石に減封され、安中藩と合わせて一八万石となったのです。

この時、直継とともに安中に移ったのが、井伊谷以来の家臣です。直虎に仕えて井伊家を守り抜いたたにもかかわらず、哀《あわ》れにも安中に飛ばされてしまったわけで、「本当にお疲れさま」と声をかけたいところです。

いっぽう、直孝のもとに残った家臣たちは、武田の旧家臣団をはじめ強者《つわもの》ぞろいです。直孝が率いた部隊は大坂の陣で活躍、その論功行賞などがあって、彦根藩は三五万石の大藩になりました。

家康の査定④ 敵にも甘い⁉

次に、西軍の諸将について見ていきましょう。

西軍の総大将・豊臣秀頼は関ヶ原の戦いのあと、徳川家康によって、各地にあった所領（太閤蔵入地《くらいりち》）二二〇万石を摂津、河内、和泉の三カ国・六〇万石に減らされてしまいます。家康に楯《たて》ついた責任を取らせたということでしょう。秀頼は殺されてもおかしくありませんでしたが、家康は生かしておく決断をしました。

慶長十六（一六一一）年、家康は二条城《にじょう》（現・京都府京都市）で秀頼と会見します。この時、加藤清正が秀頼を命がけで護衛し、その後に不審な死を遂げているなどと強調する研究者がいますが、まったく同意できません。清正ら秀吉恩顧の大名たちは、もちろん豊臣家の存続を願ったでしょうが、豊臣家の天下に戻るなどということは、これっぽっちも考えていなかったでしょう。

さて、「内府ちがいの条々」を作成した三奉行はその後、どうなったのか。

長束正家は、石田三成と行動をともにしました。家康を敵視していっさい尻尾を振らず、関ヶ原の戦いのあと、切腹して果てています。

前田玄以は、丹波亀山《かめやま》（現・京都府亀山市ほか）五万石を安堵されましたが、子の茂勝《しげかつ》の代にいろいろ問題を起こし、すぐに改易されました。

増田長盛は、豊臣政権下では石田三成と双璧をなすエリート家臣で、秀吉の弟・秀長《ひでなが》が治めていた郡山《こおりやま》（現・奈良県大和郡山市）二〇万石の主《あるじ》でした。豊臣政権を支えなければならないリーダーのひとりでしたが、前田玄以とともに西軍の内情を家康に流していた、つまりスパイ行為をしていたわけです。しかし、関ヶ原の戦いでは、毛利輝元（西軍）とともに大坂城に兵三〇〇〇を擁して籠もります。開城後は出家して謝罪しますが、命は助けられたものの改易されてしまいます。

大坂の夏の陣では、次男・盛次《もりつぐ》が大坂城に入城して戦ったため、この責任を取らされて切腹を命じられます。家臣に「俺の人生は大失敗だった」と言って、亡くなったと言われています。

三成や三奉行とは一線を画した浅野長政は、うまく立ち回ります。武蔵国の府中に隠居しますが、家督を譲った嫡男・幸長は東軍として戦い、戦後は紀伊和歌山三七万石の大名になります。幸長は家督を弟・長晟に譲りますが、長晟は前述のように、家康の三女で会津から〝出戻った〟振姫を妻に迎えています。その結果、福島正則改易後の広島藩主になり、浅野家は明治維新まで存続しました。

ちなみに、忠臣蔵で吉良義央《きらよしなか》（上野介《こうずけのすけ》）に江戸城中で斬りかかり、切腹させられた浅野長矩《ながのり》（内匠頭《たくみのかみ》）は浅野家の分家筋にあたります。

毛利《もうり》家はなぜ生き残れたのか

毛利輝元は前述のように、黒田長政・福島正則との書状のやりとりで本領安堵を確認したうえで、大坂城を出ました。

ところが、その後、長政が吉川広家に伝えてきたのは、領地没収の通告でした。「家康様が大坂城の入城後に調べた結果、輝元殿の名前で『家康を討て』と命じた文書が多数出てきた。輝元殿の謀反は明らかであるから領地没収、切腹もあたりまえ」というわけです（以下、本項の手紙文は著者訳）。ただし、「広家殿の家康様への忠節に関しては、家康様は理解されている。広家殿を大名にして、中国地方の一国もしくは二カ国を与えるから、呼び出しがあったら、すぐに出て来るように」とも。

おもしろいのは懇切丁寧に、事細《ことこま》かに指示してあること。「呼び出しを受けたら、身の回りの数人を連れて、すぐに馳せ参じなさい。殺されるかもしれないなどと警戒して、一〇人や二〇人の兵を連れてきたら、家康様がお怒りになる。私はあなたのことを騙《だま》すことはしないので、信用してください」などと書かれているのです。

これに対し、広家は長政への返書で「あなたの配慮に感謝する。あの世に行っても忘れない」と記したうえで、「わが主君である毛利輝元はご存じの通りの馬鹿者で、今回も騙されただけなのです。家康様に対して弓を引こうなどという大それた気持ちはこれっぽっちもありません。領地を削《けず》られるのはしかたないけれども、どうか毛利という名前だけでも残してください」と懇願しています。

これを読むと、当時の大名の感覚がよくわかります。前にも触れましたが、領地よりも家や名前を残すことを望む心情です。正に「名こそ惜《お》しけれ」です。

返書には、さらに「万が一、毛利が再び家康様に逆らうようなことがあったら、私が責任を持って輝元を誅伐しますので、どうか今回は許してください」とも書かれていました。

これについて、長政はどう答えたのか。返書が残されていないのでわかりませんが、家康は考えを多少、改めています。つまり、広家に与える予定だった二カ国（周防《すおう》国、長門《ながと》国）三六万石を、隠居した輝元に代わり家を継いだ秀就《ひでなり》に与えています。

こうしたやりとりをどう評価すべきかについては非常に解釈が難しいところですが、私は茶番だった疑いが強いと見ています。大《だい》大名である毛利家を潰すにはもう一回、戦争が必要になる。そのようなリスクを冒《おか》すくらいなら、毛利が二度と徳川家に対して立ち上がれない程度の減封にとどめておこう。家康は、当初からこのように考えていたのかもしれません。

さて、長政が広家と通じていたことはすでに述べましたが、関ヶ原の戦い前夜に、長政の父・官兵衛は、広家に対して「あなたと私の友情は、日本国がどうなろうと永遠に変わりません」という書状を認《したた》めていました。これを根拠に、官兵衛・長政は父子で広家を騙していたという説が喧伝《けんでん》されてきましたが、私は文字通りに捉えるべきだと考えています。

というのも、毛利家の家老だった広家は関ヶ原の戦いの前、月山富田城の城主で一四万石の所領を持っていましたが、戦後は周防の岩国《いわくに》（現・山口県岩国市）三万石の小《しょう》大名になりました。

いっぽうの長政は、豊前の中津《なかつ》（現・大分県中津市）一七万石と、吉川家とほぼ同格です。友情を結んでもおかしくない関係でしたが、関ヶ原の戦いのあとは筑前（現・福岡県）五二万石、しかも経済都市・博多を手中にする大大名になりました。

五二万石と三万石ではまったく格が違いますが、それでも両家は江戸時代を通して親密な交際を続けます。たとえば、官兵衛が死去した際、吉川家は丁重な弔《とむら》いの使者を派遣しました。また、広家が亡くなった時には、長政が弔問《ちょうもん》の使者を派遣しています。こうした事実を踏まえると、官兵衛の言葉は嘘《うそ》ではなかったと思います。

家康の査定⑤　東北と九州の軽視

家康の所領であった関東は別として、東北や九州ではまったく別次元の「関ヶ原の戦い」が繰り広げられていました。

東北地方で興味深いのは、上杉家の動向です。徳川家康が天下人になったら自分たちは生き残れないと判断していれば、後方から家康に攻撃をしかけるはずです。江戸城を攻撃するとか、江戸城へ戻る家康を攻撃することなどが考えられるでしょう。ところが、南進《なんしん》せず、北方の最上義光を攻めた。ということは、自分の領地を増やそうとしたわけです。たとえ領地を増やしても、家康が天下人になったら没収されるだけですから、無意味な行動です。にもかかわらず、なぜ上杉がそのような行動を取ったのか。

それは、まだ日本がひとつであるという感覚が定着していなかったからです。上杉景勝と家老・直江兼続《なおえかねつぐ》の脳裡には、戦国時代の群雄割拠のイメージが根強くあったのです。

天正十八（一五九〇）年に秀吉が小田原の北条氏を攻めて滅ぼし、天下は統一されましたが、それからわずか一〇年しか経っていない時点です。それまで、関東、東北、九州は中央とはまったく異なる動きをしていたので、上杉は一〇年前の感覚で動いていたのでしょう。「都では戦争しているみたいだけれども、俺たちは俺たちでやる」という感じだったと思います。

さて家康の論功行賞ですが、最上義光には大幅な加増、よくわからない行動をしていた伊達政宗《だてまさむね》には雀《すずめ》の涙ほどの加増をします。理解に苦しむのは、関ヶ原の戦い後、家康が上杉景勝を生かしたことです。領地は一二〇万石から三〇万石に削りましたが、上杉家の存続は許しています。

これは、どう考えてもおかしい。なぜなら、最初に敵と認定した相手であり、「関ヶ原の戦い」は上杉討伐から始まっているからです。にもかかわらず取り潰しにせず、存続を許したのは、東北などどうでもいいという感覚があったからでしょうか。

九州にも同じことが言えます。薩摩の島津家は家康に敵対したにもかかわらず、やはり存続を許されています。

また、肥後《ひご》半国・約二〇万石だった加藤清正は大した戦功を挙げていませんが、小西行長の領地を加え、領地が倍になりました。清正の戦功は、行長の宇土《うと》城（現・熊本県宇土市）を攻め落としたことだけです。これは、戦功のない者はプラス査定しないという大原則に反しています。清正は関ヶ原の戦いの時、家康から九州に留まるように命じられますが、家康が清正を遠ざけていた可能性も否定できません。

というのも、もし石田三成が戦場に豊臣秀頼を引っ張ってきたら、清正は秀頼に弓を引くことはせず、逆に家康に弓を引くかもしれない。それに呼応して福島正則など豊臣恩顧の大名たちが雪崩《なだれ》を打って、家康を討つかもしれない。そこまで、家康は読んでいた可能性があります。

しかし、それにしては加増が多すぎます。清正は豊臣恩顧の大名の代表ですから、その清正ですら家康に尻尾を振っている姿を天下に示すという政治的意味合いがあったのかもしれません。

なぜ家康は寛大だったのか

徳川家康はなぜ、上杉家、毛利家、島津家を存続させる寛大な措置を取ったのでしょうか。豊臣秀頼にしても六〇万石の大名として存続させ、大坂夏の陣で滅ぼすまでに一五年の歳月をかけています。

これが織田信長であったら、一度でも敵対した相手は徹底的に潰します。しかし、そうすると次から次へと裏切りが出て、信長のように討たれてしまうかもしれない。家康は石橋を叩いて渡るのが本領なので、敵対勢力を追い詰めて戦いの火種を残すことを避けたのではないでしょうか。

もっと踏み込んで言えば、世の中の秩序を保つうえで、敵対勢力を滅亡まで追い詰める必要はないと家康は考えたのではないか。何度も触れているように、当時の武士にとって大切なことは、家を存続させることでした。ですから、領地を減らしてでも家名を残すことで相手に恩義を感じさせるというのが、家康流の人事だったのかもしれません。

このように、家康の論功行賞をつぶさに見てくると、血縁を大事にすること、家臣（譜代大名）に厳しいこと、外様大名には意外に加増していること、東北や九州には寛大な措置を取ったこと、などの特徴が明らかになってきます。

譜代大名たちはあまり領地を与えられませんでしたが、江戸幕府で政治に携わるという役割を課せられました。豊臣政権でも五奉行が政治を行なったので、これは秀吉に学んだものと思われます。

いっぽう、外様大名は政治に参加させませんでした。それは、関東地方を譜代大名で固め、外様大名が配置されなかったことでもわかります。外様大名は関東以外で比較的に広大な領地を与えられ、経済の興隆に尽力することになりました。つまり、政治と経済を分けたのです。

なぜ家康は幕府を京都に開かなかったのか

関ヶ原の戦いがもたらした最大の変化は、日本の中心が京都・大坂から江戸に移ったことです。これは、あたりまえのことではありません。

というのも、織田信長は尾張（那古野城《なごや》→清洲城→小牧山城《こまきやま》）から美濃（岐阜城）、近江（安土城《あづち》）へと居城を移し、京都へ近づいていきました。その志を継いだ豊臣秀吉が、あっというまに大坂に居城を構築できたのは、信長が地ならしをしていたからです。秀吉は大坂（大坂城）、伏見（伏見城）、京都（聚楽第《じゅらくてい》）の三都市で政権づくりを進めました。

徳川家康も、元はと言えば、秀吉に命じられて三河から江戸に国替えをしたわけで、天下人になったら、畿内で政権づくりをしてもよかった。ところが、家康は自らの領国である江戸で政権づくりをしました。

なぜ家康は千年の都に背を向けて、江戸で幕府を開いたのか。

鎌倉幕府を開いた源頼朝に倣ったから、京都人に対するコンプレックスがあったから、などと言われることがあります。また、家康は文化的なセンスが乏しかったという説もありますが、こうした発想は文学の領域になってしまいます。歴史学者としての考察を論じていきたいと思います。

ひとつ考えられるのが、秀吉による朝鮮出兵の失敗です。

信長や秀吉は外交重視で、日本の中心を畿内に置き、堺や博多から大陸に進出しました。また、交易も積極的に進めました。必然的に、列島の重心は西に偏《かたよ》り、東は疎かにされます。しかし、秀吉の朝鮮出兵は大失敗に終わります。

このため、家康は外交重視から内政重視に方針を転換するのです。秀吉も日本を豊かにしようとしたのでしょうが、家康は貿易による利《り》ではなく内需拡大を目指したのです。縮小路線と言えるかもしれません。

家康はおそらく、関東や東北には開発の余地が大いにあると考えていたのでしょう。実際にデータを見てみると、東北地方での石高は江戸時代に大きく伸びています。伊達氏の仙台藩《せんだい》は六二万石ですが、内高《うちだか》（実際の石高）は一〇〇万石近くもありました。鎖国をしても人々が食べものに事欠《ことか》かないほど、日本の国土は豊かだったのです。

家康は日本の中心を江戸に移し、東北地方を開発することによって、日本の国を豊かにすることを目指したのではないか。家康の死後、鎖国へと突き進むと同時に、日本列島の中心も西から東へと移っていきました。

関ヶ原の戦いは、日本を変える大きなきっかけになったのです。

重商主義から重農主義へ

近世史の研究者のなかには「鎖国はなかった」ことを強く主張している人がいますが、私は同意しかねます。日本の歴史をマクロで見た時に、どう考えても、鎖国がなかったということはありえません。「鎖国はなかった」と言う研究者には、「大黒屋光太夫《だいこくやこうだゆう》に謝れ」と言いたい。光太夫はロシアまで行き、帰国後に何の罪もないはずなのに軟禁されているからです。もし鎖国がなかったら軟禁されるわけがないでしょう。

信長の大陸進出政策から、秀吉の朝鮮出兵の失敗を経て、家康の死後に鎖国に至ったという流れで理解すべきであり、鎖国していたからこそ、幕末のペリー来航を機に、欧米列強の外圧によって、日本の歴史が大きく転換したことも理解できるわけです。

秀吉は言わば重商主義政策を取っていました。秀吉が二二〇万石で、家康が二五六万石ですから、石高で見れば天下人である秀吉のほうが少ないわけですが、交易を握ることで圧倒的な経済力を持っていました。これに対し、家康は重農主義とまで言ってよいかどうかはわかりませんが、農業を基盤とした国づくりを進めました。

重農主義もしくは農本主義と相性が良いのが、儒学です。江戸幕府は儒学を重要視し、それが堅苦《かたくる》しい社会にした一面もあるかもしれません。たとえば、不倫は「姦通《かんつう》」と言って御法度《ごはっと》になった。しかし、『源氏物語』をはじめとして、日本の文化には不倫をも含む豊かな愛情表現があったわけで、それを否定してしまうのはいかがなものか。

まあ、不倫はさておいて、江戸時代に内需が拡大、教育が充実したからこそ、明治維新後の飛躍的な近代化が可能になったとも考えられます。

家康が江戸に幕府を開いたことは、結果的には日本にとって非常にいいことだったと思います。政治の都・江戸と経済の都・大坂というふたつの中心ができたことで、日本列島が振り子のように、東西に揺れ動きながら発展したからです。

上方《かみがた》主導の元禄《げんろく》文化が生まれ、続いて、江戸の文化《ぶんか》・文政《ぶんせい》の文化が花開きました。東と西が競い合って、日本は動いていったのです。一時期、「大阪都構想」が持て囃《はや》されましたが、日本にふたつの都をつくるのは歴史的に見てもいいことだと私は考えています。

終章

歴史が転換する時

三つの戦いから見えてくること

壬申の乱、青野ヶ原の戦い、関ヶ原の戦いという三つの戦いを見てきました。それぞれ異なる名前がついていますが、どれも不破関の東側の原野（関ヶ原）で戦われ、その後の日本を大きく変えました。

壬申の乱では、「天皇」が生まれました。また、国外重視から国内重視の政策に大きく転換され、唐に対する外交のなかで、はじめて国号「日本」が使われるようになりました。不破、鈴鹿、愛発に関所が置かれ、それまで曖昧《あいまい》だった日本の東の国境が確定したのです。

青野ヶ原の戦いでは、武士の世が生まれました。鎌倉幕府は天皇から政治権力を奪ったものの、経済力はそれほどではありませんでした。まだ天皇家、貴族、寺社は多くの荘園を持っていましたし、鎌倉時代の守護には徴税権がなかったのです。しかし、室町幕府軍が勝ったことにより、将軍権力が確立。将軍が任命した守護大名の強大な力に、もはや貴族たちはおよびませんでした。

そして関ヶ原の戦いで、日本は統一国家になりました。徳川家康の東軍が勝ったことによって、外交重視・重商主義から内需拡大へと大きく転換。日本は鎖国へと突き進むと同時に、関東や東北の開発が進みました。都が京都・大坂から江戸へ、日本列島の中心が西から東へと移り、日本という国家の領土は倍になったのです。

このように壬申の乱以後、不破は都を防衛するうえで戦略的に重要な場所になりました。にもかかわらず、江戸幕府がこの地を厳重に支配しようとしなかったのはなぜでしょうか。

結論から言うと、不破（関ヶ原）が重要な場所ではなくなったからです。

大坂夏の陣が終わり、完全な天下統一がなされると、幕府のある江戸に日本列島の重心が移ります。すなわち、それまでの東軍が西（畿内）に攻め上るのではなく、西軍が東（江戸）に攻め下る構図です。実際、明治維新では、薩摩・長州を中心にした官軍と徳川幕府軍が戦いましたが、攻める官軍は江戸城を奪取するために西から東に攻め下っています。

前章で述べたように、江戸幕府は関ヶ原の戦いのあと、関ヶ原ではなく、伊勢と彦根に防衛ラインを引き、東国・西国の新しい区分けをしました。家康は、どのような勢力かはわからないが、敵は西からやって来るという想定で、防衛ラインを固めます。

まずは伊勢（藤堂家の津藩）と彦根（井伊家の彦根藩）で迎え撃ち、そこを突破された場合の踏みとどまる拠点として尾張に名古屋城（御三家筆頭・徳川家の尾張藩）を築きます。北陸から大回りして東に攻めてくることも想定して、福井城に親藩《しんぱん》（松平家の福井藩）を入れて防備を固めています。

日本地図で見ると、福井と名古屋を結ぶラインは「日本列島のくびれ」とも呼ぶべき本州のウエストラインであり、越前、美濃、尾張をしっかり守れば、西からの侵略を防ぐことができます。

尾張を突破された場合、江戸を守る絶対防御ラインは箱根（小田原藩）になるでしょう。そのためか、小田原藩は歴代、譜代大名が藩主となっています（大久保《おおくぼ》家→阿部《あべ》家→稲葉《いなば》家→大久保家）。

これらは家康や江戸幕府が、当時の戦争の常識で考えたもので、現代では無効になっていると言えます。なぜなら、爆撃機を使って空爆後、船を使って海路から攻め寄せればいいからです。

慶応《けいおう》四（一八六八）年の戊辰戦争の際、勝海舟は西郷隆盛と会談して江戸城の無血開城を決めました。しかし、話し合いが決裂した場合、江戸幕府の海軍力は官軍を圧倒していたので、艦隊により大坂に攻め込む戦術を取ったでしょう。そうすれば、徳川幕府軍が簡単に負けることはなかったはずです。しかし、それを実行すれば泥沼の戦いとなり、内戦の激化は列強に付け入る隙《すき》を与えると考えて、負ける道を選んだのです。

兵器が高度化しただけでなく、戦後七〇年もの長きにわたって平和が続いたため、私たち日本人は、戦争をする時にどこが要衝になるか、つまり軍勢を動かす時に、どこに陣地を築けば迎え撃つことができるかをすっかり忘れてしまっていますが、これは歴史を考えるうえで想像力の欠如ともなり、非常に困ったことです。

日本の歴史の特徴

関ヶ原の戦いで東軍が勝つまでは、不破関など三つの関所を境《さかい》にして、都を含む西日本は優等生であり、鄙である東日本は劣等生であったということはすでに述べました。また、西日本が優等生であったのは、中国や朝鮮半島など東アジアと結びついていたからだということも説明しました。

そのことから必然的に、日本史は日本だけで見てはならない、東アジアのなかでの日本という視点で見なければならないという命題が導かれます。そして、日本史を改めて見直してみると、日本の歴史が大きく動くのは東アジアとの関係が激変し、危機感が強まった時だということがわかります。

そもそも、日本の歴史はそれほど大きく変わることがなく、穏《おだ》やかでした。もちろん、飢饉など、生産物が不足して多数の人々が飢え死にすることもありました。また、戦国時代だけでなく、壬申の乱の前後や鎌倉幕府の成立後なども、戦争により大量の血が流されました。

しかし、中国やヨーロッパで行なわれた大虐殺や破壊、略奪はありませんでした。たとえば、フランス革命の時には国王一族が皆殺しにされ、リヨンなどは街ごと破壊され、大虐殺が行なわれました。ヨーロッパでは相次ぐ戦争で都市が破壊され、焼き尽くされてきたため、史料が日本ほど残っていません。

いっぽう日本は、ローマや中国に比べれば国の歴史は浅いですが、日本に残されている史料は世界一豊富と言っていいでしょう。それは、ヨーロッパのような激しい殺戮《さつりく》や破壊がなかったからです。

このような比較的穏やかで緩《ゆる》やかな国情から生じた慣行が、世襲です。公家にしても武家にしても、日本の権力を貫《つらぬ》く大原則は世襲でした。この原則は現代も続いており、典型的なのが国会議員です。世襲の国会議員が日本の支配層を形成しています。元首相が口を滑らせて「下々《しもじも》の皆さん」と呼びかけたのには苦笑いさせられましたが、これは世襲議員の意識をよく表わしています。

才能あふれる創業経営者が、年功序列など日本的慣行を無視して、短いスパンで大きな利益を上げたりするものの、気がつくと創業者の息子・娘・娘婿に経営を譲るケースもよく見られます。結局、日本では世襲が定着するのです。

一神教国家と多神教国家

日本の歴史に大きな変化がないのはなぜでしょうか。

考えられる理由のひとつは、日本が多神教の国だからです。一神教の国ではイエスかノーか、自分の意見をはっきり言わなければなりませんが、多神教の国では曖昧にすませることが許されます。Aの神様に叱られても、Bの神様が「まあまあ、そんな固《かた》いこと言わないで。酒でも飲んで話し合おう」と仲裁に入ってくれます。

そもそも、人類史を眺めると、一神教という概念はなかなか誕生しません。そして、一神教が誕生した場所は、地政学的に地域がきわめて限られています。代表的な一神教であるユダヤ教、キリスト教、イスラム教はいずれもイスラエルとパレスティナに跨《またが》るエルサレムが聖地であり、聖地の奪い合いによって多くの血が流れてきました。

ところが、一神教はいったん生まれると伝播《でんぱ》力が強く、あっというまに広がります。ですから、キリスト教やイスラム教はグローバルな宗教になりました。また、前述したように神様の前でイエスかノーか、自分の意見をはっきり言わなければならないため、意見の違う陣営の間で、絶えず争いが繰り返されてきました。宗教戦争だけで、何百万、何千万という人たちが犠牲になっています。

このように、一神教では戦争が絶えない血なまぐさい歴史になるわけですが、いっぽうで科学が発達、産業革命が起こりました。

日本の場合、ユーラシア大陸の東端に位置していたために、一神教が伝わるのが遅く、戦国時代にようやくキリスト教が伝来しました。しかし、伝来後はあっというまに膨大な信者を獲得。戦国大名でも黒田官兵衛、蒲生氏郷、高山右近《たかやまうこん》らが入信しました（キリシタン大名）。キリスト教の論理的な思考に魅《ひ》かれ、信者になったのです。

これは私の仮説ですが、お茶を文化として受け入れ、楽しむことができるような優れた戦国大名ほど、キリスト教の信者になりやすい傾向にあったのではないか。キリスト教とお茶は一見、何の関係もないように見えますが、両方とも当時の最先端知識を含んでいたこと、どちらも抽象概念であることなどが共通しています。

日本で起きた宗教戦争を考えてみると、何万という単位の犠牲者が出たのは、キリスト教が伝来してきた時だけでした。十三世紀前半に浄土の教えが勢力を拡大した時、各地で衝突が起きましたが、その犠牲者数はヨーロッパの宗教戦争に比ぶべくもありません。

つまり、多神教の世界である日本の場合、神様と仏様はだいたい仲良しであり、宗教戦争がほとんど起きなかったのです。

外圧が歴史を動かす

こうして、日本では、ヨーロッパなどと比べて緩やかな時間が流れ、穏やかに歴史が推移してきましたが、そのなかでも大きな変動がいくつか起こりました。大変動がなぜ起きたかと言えば、それは外圧による危機意識の高まりからです。

その代表的なケースが、江戸時代末期の黒船来航です。黒船、つまり列強の脅威が眼前に迫った時、このまま放置しておくと、日本は滅ぼされてしまうという危機感から、明治維新が起こりました。

外圧による大変動は、近代の明治維新に限りません。古代で言えば、白村江の戦いの敗戦です。当時の先進国であり、大帝国である唐が日本に攻め寄せてきたら、ひとたまりもないという危機感から、天智天皇と天武天皇は、天皇を中心にした国づくりを急速に推し進めたのです。

手始めの改革が、「大王《おおきみ》」から「天皇《すめらみこと》」へのシフトであり、天皇の祖先としての神話の創造でした。中国における皇帝の「皇」の字を採ることで、天皇が中国の皇帝と並ぶ存在であることをアピールしたのです。そこには、中国の属国にはならないという意気込みとプライドがありました。

また、仏教を導入、神様と仏様が手を携えて天皇＝国を守る体制を作ろうとしました。さらに、中国から律令を輸入、律令国家づくりを進めました。こうして、白村江の負け戦は、古代日本の国の形を大きく変えたのです。

中世で言えば、元寇《げんこう》です。その後五〇年かかりましたが、じわじわと影響がおよび、鎌倉幕府の滅亡へと至りました。鎌倉武士は命がけで戦いましたが、船で攻めて来た元軍に勝っても、恩賞として武士に与える土地がありません。この時、北条氏が自領の土地を与え、それまでと同レベルの恩賞を与えていたら、武士たちは満足したと思いますが、まったく足りなかった。それが鎌倉幕府崩壊につながっていったのです。

近世で言えば、豊臣秀吉による朝鮮出兵の失敗です。この敗戦がきっかけで武士たちの憤懣《ふんまん》が爆発、豊臣政権の崩壊のきっかけとなりました。

朝鮮半島に送られた武将たちは勇猛果敢に戦いましたが、大失敗に終わり、新しい土地は手に入りませんでした。朝鮮半島の陶工を連れ帰ったため、「焼き物戦争」との異名を取りましたが、あまりに犠牲が大きく、それに見合う戦利品ではなかったのです。

このように歴史のダイナミズムに注目すると、壬申の乱、青野ヶ原の戦い、関ヶ原の戦いという三つの戦いは、東の反乱分子が都の権力に戦いを挑むものであったと同時に、外圧から生まれてきたものでもあったと言えます。

白村江の敗戦が壬申の乱につながり、元寇がきっかけとなって世の中が乱れ、鎌倉幕府が崩壊に至る過程で青野ヶ原の戦いが起こりました。そして、朝鮮出兵の大失敗による不満が、関ヶ原の戦いを生み出したのです。

つまり、外国との関わりに大きな歪《ひずみ》が生まれた時、世の中に大きな混乱が生じ、都の権力に対して立ち向かう勢力が台頭して、関ヶ原での戦いを引き起こしたという筋書きです。

黒船来航まで、外圧は西からやって来ました。黒船来航でも黒船自体は西から来ていますが、相手はアメリカですから、脅威は海の向こうの東から来たわけです。外圧が東から来たのは、日本史上はじめてのことでした。

日本は極東、つまりユーラシア大陸の東端にあります。ですから、すでに述べたように、東アジアとつながる西国は新しい文化や新しい理念を採り入れることができ、西を押さえている都が常に優等生として権力を掌握していました。逆に言えば、そうした都の秩序に異議申し立てをしようとする人たちは、東から攻め上って来たのです。そして、都の政権とぶつかったのが、不破関に近い関ヶ原でした。

このように整理することで、関ヶ原で起きた三つの戦いを構造的に解明することができたと思います。

東西対決構造の終焉

源頼朝による鎌倉幕府の成立は、武士の王様が誕生したことを意味しますが、鎌倉時代には、まだまだ京都の王様である天皇の力は衰えていませんでした。承久の乱で武士の王様が朝廷を打ち負かしたので、軍事力では幕府（東）のほうが強いわけですが、国づくりの理念やシステムは朝廷（西）が握っていました。

それが、青野ヶ原の戦いによって朝廷が負けたことで、室町幕府の成立につながりました。ばさら大名・高師直の逸話で有名なのが、天皇批判の発言です。「京都には天皇というものがいて、御所の前を通る時は必ず馬から下りなければいけない。何と面倒臭いことよ。あんな面倒な存在は木で作るか、金《かね》で鋳《い》るかして、生身の天皇は島流しにしてしまえ」という趣旨の放言をしたそうです。

これは当時、天皇の権威を屁《へ》とも思わない者たちが生まれていることを示しています。そういう輩《やから》が青野ヶ原で戦ったのです。

しかし、この放言はもうひとつの事実を浮き彫りにしています。それは、木でも金属でもいいから、とにかく天皇という存在が必要だということを高師直自身が認めていることです。つまり、生身の人間でなくてもいいから、天皇はいないとまずい。

その理由のひとつは、天皇が荘園制という土地制度の頂点に立っていたからです。逆に言えば鎌倉の将軍、つまり武士の王様は、朝廷が生んだ荘園制を超える制度と体制を持つことができなかったのです。

もうひとつの理由は、天皇が仏教や神道の頂点に立っていたことです。武士の王様は、仏教や神道に代わる宗教的権威を持つことができませんでした。禅宗は採用されましたが、国の教え、唯一無二の宗派にはなりませんでした。

鎌倉幕府ができることによって、都に比べ劣等生だった関東は一定の発展を遂げましたが、政治的理念や制度、文化を擁し、優等生だった都のアドバンテージを崩すことはできなかったのです。

ですから、足利尊氏は鎌倉ではなく京都に幕府を開いたのです。その結果、東の荒くれ者が都へ異議申し立てをし、不破（関ヶ原）で戦いを挑む構図は存続します。

このように考えてくると、関ヶ原の戦いで勝利した徳川家康が江戸に都を移して国づくりを始めたことには、大きな意味があります。異議申し立てをした東の反乱分子が勝ち、都自体を東に持っていってしまったからです。

前章で述べたように、秀吉の拡大路線が朝鮮出兵で失敗したことを踏まえて、家康は外向きの政策から内向きの政策へ、拡大路線から縮小路線へと舵を切ります。具体的には貿易重視から内需拡大へと転換、関東・東北の開発を進めることによって経済発展を目指しました。

東国中心の国づくりは、鎌倉幕府が取り組んでうまくいかなかったことへの再チャレンジです。しかし、インフラ整備では西国のほうが圧倒的に進んでいたため、都が江戸になったからといって、東がすぐに優位に立つというわけにはいきませんでした。まず上方主導の元禄文化が花開き、江戸に影響がおよびました。そして、文化・文政時代になって、「江戸っ子」と言われる江戸の町民が担い手となる化政《かせい》文化が花開いたのです。

こうして、江戸時代二六〇年をかけて、日本列島の重心はだんだん西から東へと移っていきました。逆に言えば、化政文化が花開いた時点で、関ヶ原の戦いが起こる可能性はなくなりました。東の野蛮な劣等生が西の優等生に異議を申し立て、戦いを挑むという構図自体が終焉を迎えたからです。

時代は下り、太平洋戦争の終戦時、日本のポツダム宣言受諾が遅れていたら、アメリカ軍は九州に上陸して北上するいっぽうで、ソ連軍が北から上陸して本州まで攻め下ってきた可能性がありました。その結果、日本が朝鮮半島のように米ソの代理戦争の舞台になり、京都を首都とする象徴天皇制の日本国と、東京を首都とする大統領制の東日本社会主義共和国に分かれていたかもしれません。

そうなっていたら、また不破関、愛発関、鈴鹿関をつなぐラインが、日本をふたつに分ける境界となった可能性もゼロではなかったでしょう。歴史にイフはありませんが、イフへの想像力を持つことは大切です。

切りとり線

★読者のみなさまにお願い

この本をお読みになって、どんな感想をお持ちでしょうか。祥伝社のホームページから書評をお送りいただけたら、ありがたく存じます。今後の企画の参考にさせていただきます。また、次ページの原稿用紙を切り取り、左記まで郵送していただいても結構です。

お寄せいただいた書評は、ご了解のうえ新聞・雑誌などを通じて紹介させていただくこともあります。採用の場合は、特製図書カードを差しあげます。

なお、ご記入いただいたお名前、ご住所、ご連絡先等は、書評紹介の事前了解、謝礼のお届け以外の目的で利用することはありません。また、それらの情報を6カ月を越えて保管することもありません。

〒101－8701（お手紙は郵便番号だけで届きます）
祥伝社新書編集部
電話03（3265）2310
祥伝社ホームページ　http://www.shodensha.co.jp/bookreview/

★本書の購買動機（新聞名か雑誌名、あるいは○をつけてください）

＿＿＿＿新聞の広告を見て	＿＿＿＿誌の広告を見て	＿＿＿＿新聞の書評を見て	＿＿＿＿誌の書評を見て	書店で見かけて	知人のすすめで

★100字書評……壬申の乱と関ヶ原の戦い

名前

住所

年齢

職業

本郷和人　ほんごう・かずと

東京大学史料編纂所教授、博士（文学）。1960年、東京都生まれ。1983年、東京大学文学部卒業。1988年、同大学院人文科学研究科博士課程単位取得退学。同年、東京大学史料編纂所に入所、『大日本史料』第5編の編纂にあたる。東京大学大学院情報学環准教授を経て、現職。専門は中世政治史。著作に『中世朝廷訴訟の研究』『新・中世王権論』『武力による政治の誕生』『戦いの日本史』などがある。

壬申《じんしん》の乱《らん》と関《せき》ヶ原《はら》の戦《たたか》い
――なぜ同《おな》じ場所《ばしょ》で戦《たたか》われたのか

本郷《ほんごう》和人《かずと》

2018年2月10日　初版第1刷発行
2018年3月25日　第4刷発行

発行者……………辻 浩明
発行所……………祥伝社しょうでんしゃ
〒101-8701　東京都千代田区神田神保町3-3
電話　03(3265)2081(販売部)
電話　03(3265)2310(編集部)
電話　03(3265)3622(業務部)
ホームページ　http://www.shodensha.co.jp/

装丁者……………盛川和洋
印刷所……………萩原印刷
製本所……………ナショナル製本

Printed in Japan　ISBN978-4-396-11527-2　C0221

〈祥伝社新書〉
古代史

316

古代道路の謎
奈良時代の巨大国家プロジェクト

巨大な道路はなぜ造られ、廃絶したのか？ 文化庁文化財調査官が解き明かす

文化庁文化財調査官 近江《おおみ》俊《とし》秀《ひで》

423

天皇はいつから天皇になったか？

天皇につけられた鳥の名前、天皇家の太陽神信仰など、古代天皇の本質に迫る

元・龍谷大学教授 平林章《あき》仁《ひと》

326

謎の古代豪族 葛城《かつらぎ》氏

天皇家と並んだ大豪族は、なぜ歴史の闇に消えたのか？

平林章仁

513

蘇我氏と馬《うま》飼《かい》集団の謎

「馬」で解き明かす、巨大豪族の正体。その知られざる一面に光をあてる

平林章仁

510

渡来氏族の謎

秦《はた》氏、東漢《やまとのあや》氏、西文《かわちのふみ》氏、難波吉士《なにわのきし》氏など、厚いヴェールに覆《おお》われた実像を追う

歴史学者 加藤謙吉

〈祥伝社新書〉
古代史

370
神社が語る古代12氏族の正体
神社がわかれば、古代史の謎が解ける！
歴史作家 関 裕二

415
信濃が語る古代氏族と天皇
日本の古代史の真相を解く鍵が信濃にあった。善光寺と諏訪大社の謎
関 裕二

469
天皇諡号《しごう》が語る古代史の真相
天皇の死後に贈られた名・諡号から、神武《じんむ》天皇から聖武《しょうむ》天皇に至る通史を復元
関 裕二 監修

456
古代倭王の正体
海を越えてきた覇者たちの興亡
邪馬台国《やまたいこく》の実態、そして倭国の実像と興亡を明らかにする
古代史研究家 小林恵子《やすこ》

525
聖徳太子の真相
倭王・聖徳太子は、なぜ天皇として歴史に残されなかったのか
小林恵子

〈祥伝社新書〉
近代史

377
条約で読む日本の近現代史
日米和親条約から日中友好条約まで、23の条約・同盟を再検証する
自由主義史観研究会 編著　藤岡信勝

411
大日本帝国の経済戦略
明治の日本は超高度成長だった。極東の小国を強国に押し上げた財政改革とは
ノンフィクション作家　武田知弘

472
帝国議会と日本人　なぜ、戦争を止められなかったのか
帝国議会議事録から歴史的事件・事象を抽出し、分析。戦前と戦後の奇妙な一致！
歴史研究家　小島英俊

357
物語　財閥の歴史
三井、三菱、住友をはじめとする現代日本経済のルーツを、ストーリーで読み解く
ノンフィクション作家　中野　明

448
東京大学第二工学部　なぜ、9年間で消えたのか
「戦犯学部」と呼ばれながらも、多くの経営者を輩出した〝幻の学部〟の実態
中野　明